新农村建设丛书 > 生产发展 / 生活富裕 / 乡风文明 / 村容整洁 / 管理民主

新农村农民工外出打工知识问答

XIN NONG CUN NONG MIN GONG WAI CHU DA GONG ZHI SHI WEN DA

李彦锋　白洪鸽　编著

河北出版传媒集团
河北科学技术出版社

图书在版编目（CIP）数据

新农村农民工外出打工知识问答 / 李彦锋，白洪鸽编著 . -- 石家庄：河北科学技术出版社，2017.4
ISBN 978-7-5375-8287-2

Ⅰ . ①新… Ⅱ . ①李… ②白… Ⅲ . ①民工－劳动就业－中国－问题解答 Ⅳ . ① D669.2-44

中国版本图书馆 CIP 数据核字 (2017) 第 030937 号

新农村农民工外出打工知识问答
李彦锋　白洪鸽　编著

出版发行： 河北出版传媒集团　河北科学技术出版社
地　　址： 石家庄市友谊北大街 330 号（邮编：050061）
印　　刷： 山东泰安新华印务有限责任公司
开　　本： 710mm×1000mm　1/16
印　　张： 10
字　　数： 128 千字
版　　次： 2017 年 7 月第 1 版
印　　次： 2017 年 7 月第 1 次印刷
定　　价： 32.00 元

如发现印、装质量问题，影响阅读，请与印刷厂联系调换。
厂址：泰安市泰山区灵山大街东首 39 号　电话：（0538）6119302　邮编：271099

前 言 /Catalogue

农民工是我国工人阶级的重要组成部分，是我国工业化、城镇化建设中的一支新型劳动大军。农民工为城市的建设、发展和社会主义新农村建设做出了重要贡献，为工业发展增强了竞争力，为城市繁荣增加了活力，为改革开放增添了动力，在和谐社会的建设中发挥了重要作用。合理引导、安排农民工外出打工，符合工业化、城市化的趋势，也符合我国的基本国情。然而，由于受到诸多因素的影响，农民工在外出务工、就业中还存在着许多困难，面临着很多问题。农民工朋友在打工过程中遇到问题时往往不知所措，严重影响了农民工朋友维护自身的合法权益，影响了社会的和谐稳定。因此，在外出打工时，农民工朋友了解一些必备的知识是非常重要的。

为了帮助农民工朋友解决在打工过程中可能遇到的问题，维护自身的合法权益免受侵害，笔者根据有关农民工权益的法律、法规、规章和政策，对农民工朋友外出打工时经常遇到的实际问题进行了归纳整理并做了解答。在本书编写过程中，笔者尽量使解答简明、具体、通俗易懂，力争使农民工朋友在轻松愉悦中阅读此书并找到解决问题的方法，相信此书对您解决打工时遇到的难题一定会有所帮助。

由于涉及农民工的法律、法规、规章等多而复杂，而且农民工外出打工涉及许多方面，国家政策、法律、法规等也在不断调整、变化，特别是由于本人水平有限，书中难免存在不妥之处，敬请批评指正。

编　者

2015 年 10 月

目录/Catalogue

一、农民工外出打工有关政策

◆ 国家为农民进城打工提供了哪些有利政策？

国家出台了一系列的政策改善农民工的打工环境，主要有：

（1）在就业管理方面，取消对农民进城就业的职业工种限制和不合理收费，取消专为农民工设置的登记项目，实行暂住证一证管理；农村劳动者外出务工，不再需要办理外出人员就业登记卡和外来人员就业证；各行业和工种尤其是特殊行业和工种要求的技术资格、健康等条件，对进城就业农民和城镇居民要一视同仁；各地教育部门和学校对进城就业农民子女接受义务教育，在入学条件等方面与当地学生同等对待，不得违反国家规定乱收费。

（2）在职业介绍服务方面，城市公共职业介绍机构要向农民工开放，免费提供政策咨询、就业信息、就业指导和职业介绍服务。

（3）在就业培训方面，进城务工的农民参加职业培训，可享受政府提供的一次性职业培训补贴，职业培训补贴标准和具体办法由省、自治区、直辖市制定。

◆ 党和国家是怎样保障我们农民工合法权益的?

《中共中央国务院关于推进社会主义新农村建设的若干意见》中对保障农民工的合法权益做出了规定：进一步清理和取消各种针对务工农民流动和进城就业的歧视性规定和不合理限制；建立健全城乡就业公共服务网络，为外出务工农民免费提供法律政策咨询、就业信息、就业指导和职业介绍；严格执行最低工资制度，建立工资保障金制度，切实解决务工农民工资偏低和拖欠问题；完善劳动合同制度，加强务工农民的职业安全卫生保护；逐步建立务工农民社会保障制度，依法将务工农民全部纳入工伤保险范围，探索适合务工农民特点的大病医疗保障和养老保险办法；明确规定要认真解决务工农民的子女上学问题。

◆ 做好农民工工作的指导思想是什么?

按照落实科学发展观和构建社会主义和谐社会的要求，坚持解放思想，实事求是，与时俱进；坚持从我国国情出发，统筹城乡发展；坚持以人为本，认真解决涉及农民工利益的问题。着力完善政策和管理，推进体制改革和制度创新，逐步建立城乡统一的劳动力市场和公平竞争的就业制度，建立保证农民工权益的政策体系和执法监督体系，建立惠及农民工的城乡公共服务体制和制度，拓宽农村劳动力转移就业渠道，保护和调动农民工的积极性，促进城乡经济繁荣和社会全面发展，推动社会主义新农村建设和中国特色的工业化、城镇化、现代化发展。

◆ 做好农民工工作的基本原则是什么?

《国务院关于解决农民工问题的若干意见》中明确规定了以下原则：

（1）公平对待，一视同仁。要尊重和维护农民工的合法权益，积极消除对农民工进城务工的歧视性规定和体制性障碍，使农民工和城市职工享有同等的权力和义务。

（2）强化服务，完善管理。转变政府职能，加强和改善对农民工的社会管理和公共服务，积极发挥企业、社区和中介组织的作用，为农民工的劳动、生活创造良好的环境和有利条件。

（3）统筹规划，合理引导。实行农村劳动力异地转移与就地转移相结合。要积极引导农民工进城务工，同时要大力发展乡镇企业和县域经济，积极扩大农村劳动力在当地转移就业。

（4）因地制宜，分类指导。输出地和输入地都要有针对性地解决农民工面临的各种实际困难。鼓励各地区从实际出发，探索保护农民工权益和促进农村富余劳动力有序流动的办法。

（5）立足当前，着眼长远。既要抓紧解决农民工面临的突出问题，又要依靠改革和发展，逐步解决深层次问题，形成从根本上保障农民工权益的体制和制度。

◆ 怎样做才能形成全社会关心农民工的良好氛围？

《国务院关于解决农民工问题的若干意见》中对此规定：全社会要树立理解、尊重、保护农民工的意识，开展多种形式的关心、帮助农民工的公益活动。新闻单位要大力宣传党和国家对农民工的有关方针政策，加强对保障农民工在改革开放和现代化建设中做出突出贡献和先进典型的舆论监督，加强对保障农民工权益情况的舆论监督。对优秀农民工要给予表彰奖励。积极总结、推广各地和用人单位关心、善待农民工的好做法、好经验，提高对农民工的服务和管理水平。

◆ 怎样可以促进农民进城打工？

①清理和取消对农民进城就业等方面的歧视性规定及不合理限制；②开展有组织的劳务输出；③完善对农民进城就业的职务介绍服务；④做好对农民工的咨询服务工作；⑤加强对农民进城就业的培训工作。

◆ 国家为维护进城打工农民的权益重点解决了哪些问题？

①进一步解决拖欠农民工工资问题；②加强劳动合同管理和劳动保障

监察执法；③及时处理农民工劳动争议案件；④支持工会组织维护农民工的合法权益。

◆ **有哪些部门可以为进城打工的农民提供培训？**

承担为进城务工农民培训的部门有：农业部门举办的各种类型的培训班和中央农业广播电视学校；劳动保障部门举办的技工学校和各类职业技能培训班；教育部门所属的中等职业学校、乡镇成人文化技术学校。此外，还有行业主管部门和社会举办的职业学校及各种类型的职业培训班。

◆ **有哪些特殊政策可以促进农民工就业服务和培训？**

国务院《关于解决农民工问题的若干意见》明确要求各级政府要做好农民工就业服务和培训工作：

（1）各地区、各部门要进一步清理和取消各种针对农民工进城就业的不合理限制和歧视性规定，清理对企业使用农民工的行政审批和行政收费，不得以解决城镇劳动力就业为由清退和排斥农民工。

（2）城市公共职业介绍机构要向农民工开放，免费提供政策咨询、就业信息、就业指导和职业介绍。依法规范职业中介、劳务派遣和企业用工行为。严厉打击以职业介绍和以招工为名坑害农民工的违法犯罪活动。

（3）实施农村劳动力转移培训阳光工程。要完善农民工培训补贴办法，对参加培训的农民工给予适当的培训费补贴。

（4）输入地要把农民工岗位技能纳入当地职业培训计划。制定鼓励农民工参加职业技能鉴定、获取国家职业资格证书的政策。

（5）强化用人单位对农民工的岗位培训责任，对不履行培训义务的用人单位，应按国家规定强制提取职工教育培训费，用以政府组织的培训。

◆ **进城打工需交手续费吗？**

根据国家有关文件的规定，目前进城打工农民必须办理的证件主要是暂住证和婚育证。有关部门在办理农民进城打工就业和企业用工的手续时，除按照国务院有关规定收取的证书工本费外，不得收取其他费用，证书工本费收费标准最高不超过5元。

◆ 对职业资格国家是怎么规定的？

职业资格是指从事某一职业必须具备一定的基本条件，包括必备的知识、技术和能力。职业资格包括从业资格和职业资格。从业资格是指从事某一专业（工种）所需要的知识、技术和能力的起点标准；职业资格是指政府对某些责任较大、社会通用性强、关系公共利益的专业（工种）实行准入控制，是依法独立开业或从事某一特定专业（工种）所必备的学识、技术和能力标准。从事要求具有资格证书的工作必须获得相应的从业资格或职业资格证书。

◆ 国家对特种作业人员有什么规定？

特种作业是指容易发生人员伤亡事故，对操作者本人、他人及周围设施的安全有重大危害的作业。国家规定的特种作业有17类：①电工作业；②金属焊接、切割作业；③起重机械（含电梯）作业；④企业内机动车辆驾驶；⑤登高架设作业；⑥锅炉（含水质化验）作业；⑦压力容器作业；⑧制冷作业；⑨爆破作业；⑩矿山通风作业；⑪矿山排水作业；⑫矿山安全检查作业；⑬矿井提升运输作业；⑭采掘作业；⑮矿山救护作业；⑯危险物品作业；⑰经国家安全生产管理局批准的其他作业。

国家有关文件规定：特种作业人员必须接受与本工种相适应的、专门的安全技术培训，经安全技术理论考核和实际操作技能考核合格，取得特种作业操作证后，才可以持证上岗作业。

◆ 对职业病防治国家有哪些基本要求？

《中华人民共和国职业病防治法》中规定：容易产生职业病危害的用

人单位，在成立的时候应当具备符合法律、行政法规的设立条件。此外，工作场所要符合以下职业卫生要求：①职业病危害因素的强度或者浓度符合国家职业卫生标准；②有与职业病危害防护相适应的设施；③生产布局合理，符合有害与无害作业分开的原则；④有配套的更衣间、洗浴间、孕妇休息间等卫生设施；⑤设备、工具、用具等设施符合保护劳动者生理、心理健康的要求；⑥法律、行政法规和国务院卫生行政部门关于保护劳动者健康的其他要求。

◆ **国家对女工权益保护有什么规定？**

国家为维护女工的合法权益，在《劳动法》中明确规定：①禁止安排女工从事矿山井下、国家规定的第四级体力劳动强度的劳动和其他禁忌从事的劳动；②不得安排女工在经期从事高处、低温、冷水作业和国家规定的第三级劳动强度的劳动；③不得安排女职工在怀孕期间从事国家规定的第三级体力劳动强度的劳动和孕期禁忌的劳动，对怀孕 7 个月以上的女职工，不得安排其延长工作时间和夜班劳动；④女职工生育享受不少于 90 天的产假；⑤不得安排女职工在哺乳未满 1 周岁的婴儿期间从事国家规定的第三级体力劳动强度的劳动和哺乳期禁忌从事的其他劳动。同时规定，女职工在妊娠期、产期、哺乳期内不得解除劳动关系。

◆ **未满 16 周岁的未成年人可以就业吗？**

不可以。招用不满 16 周岁的未成年人就业，称为使用童工。《未成年人保护法》和国务院《禁止使用童工规定》（国务院令第 364 号）规定，国家机关、社会团体、企业事业单位、民办非企业单位或者个体工商户等各种用人单位均不得招用不满 16 周岁的未成年人；禁止任何单位或者个人为不满 16 周岁的未成年人介绍就业；同时禁止不满 16 周岁的未成年人开业从事个体经营活动。不满 16 周岁的未成年人的父母或者其他监护人应当保护其身心健康，保障其接受义务教育的权利，不得允许其被用人单位非法招用。任何单位或者个人使用童工或者为不满16周岁的未成年人介绍就业的，依法进行处罚，触犯刑律的，依法追究刑事责任。不满16周岁的未成年人的父母或者其他监护人允许其被用人单位非法招用的，所在地的乡（镇）人民政府、城市街道办事处以及村民委员会、居民委员会应当给予批评教育。

◆ 未成年工特殊劳动保护有哪些?

未成年工是指年满16周岁、未满18周岁的劳动者。国家规定用人单位不得安排未成年工从事以下范围的劳动：

（1）《生产性粉尘作业危害程度分级》国家标准中第一级以上的粉尘作业。

（2）《有毒作业分级》国家标准中第二级以上的有毒作业。

（3）《高处作业分级》国家标准中第二级以上的高处作业。

（4）《冷水作业分级》国家标准中第二级以上的冷水作业。

（5）《高温作业分级》国家标准中第三级以上的高温作业。

（6）《低温作业分级》国家标准中第三级以上的低温作业。

（7）《体力劳动强度分级》国家标准中第四级体力劳动强度的作业。

（8）矿山井下及矿山地面采石作业。

（9）森林业中的伐木、流放及守林作业。

（10）工作场所接触放射性物质的作业。

（11）有易燃易爆、化学性烧伤和热烧伤等危险性大的作业。

（12）地质勘探和资源勘探的野外作业。

（13）潜水、涵洞、涵道作业和海拔3000米以上的高原作业（不包括世居高原者）。

（14）连续负重每小时在6次以上并每次超过20千克，间断负重每次超过25千克的作业。

（15）使用凿岩机、捣固机、气镐、气铲、铆钉机、电锤的作业。

（16）工作中需要长时间保持低头、弯腰、上举、下蹲等强迫体位和动作频率每分钟大于50次的流水线作业。

（17）锅炉司炉。

此外规定，用人单位应当对未成年工定期进行健康检查。

◆ 我国劳动者的基本权利有哪些？

《劳动法》规定劳动者享有以下权利：平等就业和选择职业的权利；取得劳动报酬的权利；休息休假的权利；获得劳动安全卫生保护的权利；接受职业技能培训的权利；享受社会保险和福利的权利；提请劳动争议处理的权利以及法律规定的其他劳动权利。

◆ 国家对安全生产有什么主要规定？

国家有关法律规定，用人单位要严格执行国家劳动安全卫生规定和标准，建立健全劳动安全卫生制度，对劳动者进行劳动安全卫生教育，防止劳动过程中发生事故，减少职业危害。

◆ 对建筑领域农民工工资支付是怎样规定的？

建筑业企业，主要是指从事土木工程、线路设备安装工程、装修工程的新建、扩建、改建等活动的企业。2004年9月6日，劳动和社会保障部、建设部根据《劳动法》、《工资支付暂行规定》等有关规定，制定了《建设领域农民工工资支付管理暂行办法》。该办法适用于中华人民共和国境内的建筑业企业和与之形成劳动关系的农民工，目的是规范建设领域农民工工资支付行为，预防和解决建筑业企业拖欠和克扣农民工工资问题。

◆ 哪些部门可以监督建筑领域农民工工资支付情况？

根据国家有关规定，县级以上劳动和社会保障部门负责企业工资支付的监督管理，建设行政主管部门协助劳动和社会保障行政部门对企业执行《建设领域农民工工资支付管理暂行办法》的情况进行监督检查。

◆ **建筑企业支付农民工工资应遵守什么规定?**

建筑企业要按照《劳动法》、《工资支付暂行规定》和《最低工资规定》等有关规定支付农民工工资，不得拖欠和克扣农民工工资。企业应将工资直接发放给农民工本人，严禁发放给“包工头”或其他不具备用工主体资格的组织和个人。企业可委托银行发放农民工工资，企业支付农民工工资应编制工资支付表，如实记录支付单位、支付时间、支付对象、支付数额等工资支付情况，并保存2年以上备查。

◆ **建筑企业制定的内部工资支付办法要符合什么要求?**

建筑企业应依法通过集体协商或其他民主协商形式制定内部工资支付办法，同时告知本企业全体农民工，同时抄报当地劳动和社会保障行政部门与建设行政主管部门。企业内部工资支付办法要包括以下内容：支付项目、支付标准、支付方式、支付周期和日期、加班工资计算基数、特殊情况下的工资支付以及其他工资支付等内容。企业应当根据劳动合同约定的农民工工资标准等内容，按照依法签订的集体合同或劳动合同约定的日期按月支付工资，并不得低于当地最低工资标准。具体支付方式可由企业结合建筑行业特点在内部工资支付办法中规定。

◆ **怎样防止建筑企业拖欠农民工工资?**

为有效解决建筑领域拖欠工程款造成的建筑业企业拖欠农民工工资问题，各级建设行政主管部门要加强对建设、开发项目的监管，严格施工审批程序，对资金不到位的建设项目不予办理开工手续。特别是对政府投资工程项目，要加强对工程款支付的监督，使建设项目能够按期支付工程款，做到不拖、不欠，真正使政府投资工程成为示范工程，起到示范作用，杜绝拖欠工程款的恶性攀比现象。

◆ 主管部门应该怎样保证建筑企业农民工工资来源?

按照《国务院关于促进房地产市场持续健康发展的通知》(国发[2003]18号)的要求，各级有关主管部门要加强对房地产企业的资质管理和房地产开发项目审批管理，严格执行房地产开发项目资本金制度、项目手册制度，积极推行业主工程款支付担保制度，从源头上确保建筑业企业农民工工资来源。

◆ 哪些措施可以预防建筑企业发生新的工资拖欠行为?

各级有关主管部门要按照《建设部关于贯彻〈国务院办公厅关于做好农民进城务工就业管理和服务工作的通知〉的通知》的要求，整顿规范建筑市场和房地产市场秩序，要把解决建筑企业拖欠农民工工资问题作为重要内容来抓，加大处罚力度。按照《国务院办公厅关于进一步整顿和规范建筑市场秩序的通知》规定，对有拖欠工程款的建设单位，其新建工程项目不得颁发施工许可证或者不得批准开工。对不按合同约定拖欠农民工工资的违法施工企业，在资质年检时要做出相应处理，严格市场准入制度。

◆ 国家对建筑安全生产管理有哪些主要规定?

国家《建筑法》对保障劳动者安全做出了以下规定：①建筑施工企业应当健全劳动安全生产教育培训制度，加强对职工安全生产的教育培训；②未经安全生产教育培训的人员，不得上岗作业；③建筑施工和从业人员在施工过程中，应当遵守有关安全生产的法律、法规和建筑行业安全规章、规程，不得违章指挥或者违章作业；作业人员有权对影响人身健康的作业程序和作业条件提出改进意见，有权获得安全生产所需的防护用品；作业人员对危及生命安全和人身健康的行为有权提出批评、检举和控告；④建筑施工企业必须为从事危险作业的职工办理意外伤害保险，支付保险费；

⑤施工中发生事故时，建筑企业应当采取紧急措施减少人员伤亡和事故损失，并按照国家有关规定及时向政府有关部门报告。

◆ 进城农民应该怎样从事个体经营活动？

国家制定了《城乡个体工商户管理条例》和《暂行条例实施细则》，指导进城农民从事个体经营活动。其中规定，有经营能力的城镇待业人员、农村村民以及国家政策允许的其他人员，可以申请从事个体工商业经营，经依法核准登记后为个体工商户。个体工商户可以在国家法律和政策允许的范围内，经营工业、手工业、建筑业、交通运输业、商业、饮食业、服务业、修理业及其他行业。《条例》还规定了对个体工商户的管理和处罚等内容。

◆ 对进城农民工计划生育管理有什么规定？

根据《流动人口计划生育管理办法》，外出打工者在离开户籍所在地前，应当以合法的婚姻、身份证件，到当地县级人民政府计划生育行政部门或者乡（镇）人民政府、街道办事处办理婚育证明。外出务工者找到工作后，应当向务工居住地的乡（镇）人民政府或者街道办事处交验婚育证明，并接受当地计划生育部门的管理。其中，婚育证明的内容应当包括：姓名、性别、年龄、婚姻状况、居民身份证号码、生育状况、落实节育措施状况、计划生育奖罚情况等。

◆ 怎样维护进城农民工计划生育方面的合法权益？

要充分发挥城市社区的管理服务功能，使育龄流动人口普遍获得人口知识、计划生育科学知识和性病、艾滋病防治知识教育；城市计划生育技术服务机构和医疗保健机构要密切配合，保证已婚育龄人口享受国家规定的免费计划生育技术服务项目；本着节约成本、讲究实效的原则，建立流动人口计划生育服务信息系统，提高服务质量。同时要求，要充分发挥社区优势和职业中介组织的服务功能。要在就医、就业和子女入托、入学等方面，对流动人口中的计划生育家庭给予优先、优待。要加强对企业、事业单位的检查、监督，督促其依照法律、法规和地方政府规章的有关规定，兑现计划生育家庭的奖励优惠政策。严格执行有关行政收费的法律、法规和政策，任何部门和个人不得以流动人口计划生育管理和服务为名擅自设立收费项目或加价收费，切实加强检查、监督，坚持纠正、严肃查处向流动人口乱收费的现象。

◆ 怎样为农民工提供方便的计划生育计划?

根据财政部、劳动和社会保障部、公安部、人口计生委联合下发的《关于将农民工管理等有关经费纳入财政预算支出范围有关问题的通知》要求，各地人口与计划生育部门要从国家社会经济发展的大局出发，坚持改革创新，更新管理与服务理念，按照“以现居住地管理为主”的原则和“同管理，同服务，同考核”工作要求，积极探索建立统一、协调、规范的工作机制，切实做好流动人口计划生育管理与服务工作。要按照精干、高效的原则建立流动人口计划生育工作队伍，加强部门预算管理，优化支出结构，确保法律、法规规定的免费避孕节育技术服务等支出项目所必需的经费，为流动人口提供方便、快捷的计划生育技术服务。

◆ 国家怎样推进流动人口的社会化管理?

《关于将农民工管理等有关经费纳入财政预算支出范围有关问题的通知》对推动流动人口的社会化管理做出了规定，各有关部门要转变观念，按照输入地属地管理的原则，将对农民工的管理服务纳入输入地公共管理和服务工作范围。要认真研究农民进城务工带来的新问题，按照行政改革的总体要求，重新审视相关管理服务行为的合理性和有效性。要本着勤俭办一切事的原则，合并重复设置的机构，压缩不必要的开支，整合管理服务的队伍。各地公安机关在警力配置上要向基层和一线倾斜，充实公安派出所警力，增加一线社区民警警力，使其有足够的力量管理流动人口。要适应新形势的要求，积极推行流动人口社会化管理，由政府根据暂住人口管理工作实际需要，本着精干、高效的原则，兼顾财力可以配备一定数量的协管员，协助做好流动人口管理和服务工作。以上规定和要求对进城打工农民在管理上有指导性意义。

◆ 怎样保障进城打工农民子女上学？

目前国家有一系列的政策保障进城打工农民子女上学。主要有：①进城打工就业农民流入地政府负责进城打工就业农民子女接受义务教育工作，以全日制公办中小学为主；②流入地政府要制定有关行政规章，协调有关方面，切实做好进城打工就业农民子女接受义务教育工作；③充分发挥全日制公办中小学的接收主渠道作用。在评优奖励、入队入团、课外活动等方面，学校要做到进城打工就业农民子女与城市学生一视同仁；④建立进城打工就业农民子女接受义务教育的经费筹措保障机制；⑤采取措施，切实减轻进城打工就业农民子女教育费用负担。流入地政府要制定进城打工就业农民子女接受义务教育的收费标准，减免有关费用，做到收费与当地学生一视同仁；⑥进城打工就业农民流入地政府做好外出打工就业农民子女义务教育工作。外出打工就业农民子女返回原籍就学，当地教育行政部门要指导并督促学校及时办理入学等有关手续，禁止收取任何费用。

◆ 对进城打工农民在农村的承包地有什么规定？

按照《中华人民共和国土地承包法》的规定，在土地承包期内，承包方全家迁入小城镇落户的，应当按照承包方的意愿，保留其土地承包经营权或者允许其依法进行土地承包经营权流转；承包方全家迁入城市，转为非农业户口的，应当将承包的耕地和草地交回发包方。承包方不交回的，发包方可以收回承包方的耕地和草地；承包方交回承包地或者发包方依法收回承包地时，承包方对其在承包地上投入而提高土地生产能力的，有权获得相应的补偿。对于季节性外出打工的农民，要贯彻中央关于农村家庭承包经营的基本政策，发包方不得强行收回外出务工就业农民的承包地。支持和鼓励外出农民工自愿、依法、有偿转让承包地使用权。

◆ 国家对劳动者休息休假有什么主要规定？

休息与休假主要包括休息日和法定节假日。《劳动法》第三十八条规定，用人单位应当保证劳动者每周至少休息 1 天；第四十条规定用人单位应在元旦、春节、国际劳动节、国庆节和法律、法规规定的其他休假节日安排劳动者休假。《全国年节及纪念日放假办法》（国务院令第 270 号）除规定了上述节日放假天数外，还规定了全体公民放假的节日，包括：新年（1 月 1 日放假 1 天）、春节（农历正月初一、初二、初三放假 3 天）、劳动节（5 月 1 日、2 日、3 日放假 3 天）和国庆节（10 月 1 日、2 日、3 日放假 3 天）。另外，规定了部分公民放假的节日及纪念日：妇女节妇女放假半天，青年节 14 周岁以上的青年放假半天以及少数民族放假的节日，具体节日由各少数民族聚居地区的地方人民政府，按照各地民族习惯，规定放假日期。此外，职工还依法享有病假、女职工产假、依法参加社会活动请假等。

◆ 对农民工户籍问题国家是怎样规定的？

国家的户籍管理制度有一个逐渐变化的过程，其中经历了实行“农转非”政策、实行居民身份证制度、改革和完善暂住人口登记管理制度、推进小城镇户籍管理制度改革、调整城市户口迁移政策等，严格的户籍制度也有所松动，不符合时代要求的制度在改革中被逐步取消。1984 年，国务院《关于农民进入集镇落户问题的通知》规定，到集镇务工、经商、办服务业的农民及家属，在集镇有固定住所、有经营能力，或在乡镇企事业单位长期务工的，应准予落常住户口，发给自理口粮户口簿，统计为非农业户口。1997 年国务院批转下发了公安部的《小城镇户籍管理制度改革试点方案》，2001 年又批转下发了《关于推进小城镇户籍管理制度改革的意见》，规定凡在县级市市区、县人民政府驻地镇及其他建制镇有合法固定住所、稳定职业或生活来源的人员及与其共同居住生活的直系亲属，均可根据本人意愿办理城镇常住户口。

◆ 怎样清理针对农民跨地区进城务工的歧视性规定？

国家发改委、财政部、公安部、劳动和社会保障部、农业部、卫生部、教育部、国务院纠正行业不正之风办公室、国家人口和计划生育委员会 2004 年 7 月 16 日下发的《关于进一步清理和取消针对农民跨地区就业和进城务工歧视性规定和不合理收费的通知》规定，各地区、各部门要按照《行政许可法》和行政审批制度改革的规定，全面清理针对农民跨地区就业和进城务工的行政审批事项。除法律、行政法规规定外，各地设立的针对农民跨地区就业和进城务工的各种行政许可和非行政许可审批事项，一律取消。按法律、行政法规规定保留的涉及农民跨地区就业和进城务工的手续，要按照“规范程序，公开透明，方便办理”的原则进行简化。

◆ 怎样清理针对农民跨地区进城务工的不合理收费？

国家出台了《关于进一步清理和取消针对农民跨地区就业和进城务工歧视性规定和不合理收费的通知》，明确规定取消行政许可和非行政许可审批事项的收费项目；取消法律、行政法规没有规定的行政许可和非行政许可审批收费项目；凡未经国务院和省、自治区、直辖市人民政府及所属财政、价格主管部门批准的其他针对农民跨地区就业和进城务工的行政事业性收费项目，也要一律取消；符合规定保留的收费，要按照尽量减轻农民负担的原则，重新核定收费标准。严禁利用办理农民进城务工等审批事项或手续时，“搭车”收费，变换手法收费。

◆ 怎样规范针对农民工的中介服务收费？

《关于进一步清理和取消针对农民跨地区就业和进城务工歧视性规定

和不合理收费的通知》要求，有关机构为农民跨地区就业和进城务工提供职业介绍等中介服务，要坚持自愿原则，严禁强制服务，强行收费。各级劳动和社会保障部门及其所属公共职业介绍机构应免费为求职登记的农民提供职业介绍服务，所需费用由同级财政解决。对农民工集中、财政压力大的区、街道，上级财政要加大支持力度。

◆ 国家对最低工资是怎样规定的？

国家实行最低工资保障制度。根据《最低工资规定》（劳动和社会保障部令第21号）的规定，在劳动者提供正常劳动的情况下，用人单位应支付给劳动者的工资在剔除下列各项以后，不得低于当地最低工资标准：①延长工作时间工资；②中班、夜班、高温、低温、井下、有毒有害等特殊工作环境、条件下的津贴；③法律、法规和国家规定的劳动者福利待遇等。

实行计件工资或提成工资等工资形式的用人单位，在科学合理的劳动定额基础上，其支付劳动者的工资不得低于相应的最低工资标准。

劳动者与用人单位形成或建立劳动关系后，试用、见习期间，在法定工作时间内提供了正常劳动，其所在的用人单位应当支付其不低于最低工资标准的工资。

在非全日制劳动者提供正常劳动的情况下，用人单位支付的小时工资不得低于当地小时最低工资标准。

◆ 对工资支付国家是怎样规定的？

①工资应当以法定货币（即人民币）形式支付，不得以实物及有价证券替代货币支付；②用人单位应将工资支付给劳动者本人；本人因故不能领取工资时，可由其亲属或委托他人代领；③用人单位可直接支付工资，也可委托银行代发工资；④工资必须在用人单位与劳动者约定的日期支付，工资至少每月支付1次；⑤劳动关系双方依法解除或终止劳动合同时，用人单位应在解除或终止劳动合同时一次付清劳动者工资；⑥用人单位在支付工资时应向劳动者提供一份其个人的工资清单。

◆ 用人单位应该怎样支付农民工工资？

用人单位支付农民工工资要做到以下几点：①用人单位应该按时足额支付工资；②用人单位不得克扣工资；③用人单位不得无故拖欠工资；④在农民工提供正常劳动的情况下，用人单位支付的工资不得低于当地最低工资标准；⑤在非全日制劳动者提供正常劳动的情况下，用人单位支付的小时工资不得低于当地小时最低工资标准；⑥用人单位安排农民工加班加点应依法支付加班加点工资。

◆ 对建筑业企业支付农民工工资有什么规定？

根据《建设领域农民工工资支付管理暂行办法》（劳社部发〔2004〕22 号）等规定，建筑业企业必须依法按时足额支付农民工工资，不得拖欠或克扣，不得低于当地最低工资标准。企业应当按照约定的标准和日期按月将工资直接发放给农民工本人，严禁发放给“包工头”或其他不具备用工主体资格的组织和个人。企业可委托银行发放农民工工资。企业支付农民工工资应编制工资支付表，如实记录支付单位、支付时间、支付对象、支付数额等工资支付情况，并保存 2 年以上备查。

工程总承包企业应对劳务分包企业工资支付进行监督，督促其依法支付农民工工资。业主或工程总承包企业未按合同约定与建设工程承包企业结清工程款，致使建设工程承包企业拖欠农民工工资的，由业主或工程总承包企业先行垫付农民工被拖欠的工资，先行垫付的工资数额以未结清的工程款为限。企业因被拖欠工程款导致拖欠农民工工资的，企业追回的被拖欠工程款，应优先用于支付拖欠的农民工工资。

◆ 对农民工签订劳动合同国家是怎样规定的？

通过劳动合同确立用人单位与农民工的劳动关系，是维护农民工合法权益的重要措施。根据劳动和社会保障部、建设部、全国总工会《关于加强建设等行业农民工劳动合同管理的通知》（劳社部发〔2005〕9 号）的规定，用人单位使用农民工，应当依法与农民工签订书面劳动合同，并向劳动保障行政部门进行用工备案。签订劳动合同应当遵循平等自愿、协商一致的原则，用人单位不得采取欺骗、威胁等手段与农民工签订劳动合同，不得在签订劳动合同时收取抵押金、风险金或扣留居民身份证等证件。

劳动合同必须由具备用工主体资格的用人单位与农民工本人直接签订，不得由他人代签。建筑领域工程项目部、项目经理、施工作业班组、包工头等不具备用工主体资格，不能作为用工主体与农民工签订劳动合同。

用人单位与农民工签订劳动合同，应当包括以下条款：劳动合同期限、工作内容和工作时间、劳动保护和劳动条件、劳动报酬、劳动纪律和违反劳动合同的责任。根据不同岗位的特点，用人单位与农民工协商一致，还可以在劳动合同中约定其他条款。

◆ 国家对试用期的期限有什么规定？

试用期是用人单位与劳动者为了互相了解、选择而约定的不超过6个月的考察期。根据劳动部《关于实行劳动合同制有关问题的通知》（劳部发［1996］354号）规定，合同期限在6个月以下的，试用期不得超过15天；劳动合同期限在6个月以上1年以下的，试用期不得超过30天；劳动合同期限在1年以上2年以下的试用期不得超过60天。劳动合同期限在2年以上的，试用期最多不得超过6个月。试用期包括在劳动合同期限内。非全日制劳动合同，不得约定试用期。

◆ 国家规定农民工怎样参加工伤保险？

根据《工伤保险条例》等有关规定，用人单位必须为与之形成劳动关系的农民工及时办理参加工伤保险的手续，农民工本人和城镇企业职工一样，不缴纳工伤保险费；发生工伤的，劳动保障行政部门要依法进行认定。未参加工伤保险的企业，农民工发生工伤的，企业必须按照《工伤保险条例》规定的标准支付工伤费用。

对用人单位为农民工先行办理工伤保险的，各地经办机构应予办理；用人单位注册地与生产经营地不在同一统筹地区的，可在生产经营地为农民工参保；农民工受到事故伤害或患职业病后，在参保地进行工伤认定、劳动能力鉴定，并按参保地的规定依法享受工伤保险待遇。用人单位在注册地和生产经营地均未参加工伤保险的，农民工受到事故伤害或者患职业病后，在生产经营地进行工伤认定、劳动能力鉴定，并按生产经营地的规定依法由用人单位支付工伤保险待遇。

对跨地区流动就业的农民工，工伤后的长期待遇可试行一次性支付和长期支付两种方式，供工伤农民工选择，进一步方便农民工领取和享受工伤待遇。

◆ 对非法用工单位的职工工伤待遇有哪些规定?

根据《工伤保险条例》和《非法用工单位伤亡人员一次性赔偿办法》(劳动和社会保障部令第 19 号) 等文件规定，无营业执照或者未经依法登记、备案的单位以及被依法吊销营业执照或者撤销登记、备案的单位的职工受到事故伤害或者患职业病的，由该单位向伤残职工或者死亡职工的直系亲属给予一次性赔偿；用人单位不得使用童工，用人单位使用童工造成童工伤残、死亡的，由该单位向童工或者童工的直系亲属给予一次性赔偿。

◆ 我国怎样规定农民工参加基本医疗保险?

根据国家法律规定，与用人单位形成劳动关系的农村进城务工人员有权参加医疗保险。各地在具体实施中，要根据农村进城务工人员的特点和医疗需求，合理确定缴费率和保障方式，解决他们在务工期间的大病医疗保障问题，用人单位要按规定为其缴纳医疗保险费。对在城镇从事个体经营等灵活就业的农村进城务工人员，可以按照灵活就业人员参保的有关规定参加医疗保险。据此，在已经将农民工纳入医疗保险范围的地区，农民工应当参加医疗保险，用人单位和农民工本人应依法缴纳医疗保险费，农民工患病时，可以按照规定享受有关医疗保险待遇。

◆ 对农民工参加基本养老保险是怎样规定的?

按照《社会保险费征缴暂行条例》（国务院令第259号）等有关规定，城镇各类企业职工、个体工商户和灵活就业人员，包括农民工，都应该参加基本养老保险。各地在具体操作中，对参加养老保险的农民合同制职工，在与企业终止或解除劳动关系后，由社会保险经办机构保留其养老保险关系，保管其个人账户并计息，凡重新就业的，应接续或转移养老保险关系；也可按照省级政府的规定，根据农民合同制职工本人申请，将其个人账户个人缴费部分一次性支付给本人，同时终止养老保险关系，凡重新就业的，应重新参加养老保险。农民合同制职工在达到国家规定的退休年龄后，累计缴费年限满15年以上的，可按规定领取基本养老金；累计缴费年限不满15年的，其个人账户全部储存额一次性支付给本人。

◆ 国家对农民工参加失业保险有哪些规定?

根据《失业保险条例》（国务院令第258号）规定，城镇企业事业单位招用的农民合同制工人应该参加失业保险，用人单位按规定为农民工缴纳社会保险费，农民合同制工人本人不缴纳失业保险费。单位招用的农民合同制工人连续工作满1年，本单位已为其缴纳失业保险费，劳动合同期满未续订或者提前解除劳动合同的，由社会保险经办机构根据其工作时间长短，对其支付一次性生活补助。补助的办法和标准由省、自治区、直辖市人民政府规定。

◆ 我国对农民工参加生育保险是怎样规定的?

目前我国的生育保险制度还没有普遍建立，各地工作进展不平衡。从各地制定的规定看，有的地区没有将农民工纳入生育保险覆盖范围，有的地区则将农民工纳入了生育保险覆盖范围。如果农民工所在地区将农民工纳入了生育保险覆盖范围，农民工所在单位应按规定为农民工参加生育保险并缴纳生育保险费，符合规定条件的生育农民工依法享受生育保险待遇。

◆ 农民工享有哪些基本权利？

农民工是社会主义产业工人的重要组成部分，是我国改革开放和工业化、城镇化进程中涌现的一支新型劳动大军。农民工与其他劳动者一样，享有宪法和法律规定的权利。农民工享有以下基本权利。①享有平等就业和选择职业的权利，即农民工在就业时，不会因民族、种族、性别、宗教信仰不同而受到用人单位的歧视；②取得劳动报酬的权利，农民工按照劳动合同的约定或者用人单位的要求付出了劳动，就有权获得相应的报酬；③休息休假的权利，即农民工有权在规定的工作时间以外自行支配时间；④获得劳动安全、卫生保护的权利；⑤有权参加社会统筹基本养老、医疗、工伤、失业、生育保险，享受劳动保障；⑥接受职业技能培训的权利；⑦提请劳动争议处理的权利；⑧检举和控告的权利，对违反劳动法律的行为有向国家机关反映真实情况，对用工单位管理人员提出批评和控告的权利；⑨法律规定的其他劳动权利，包括依法组织参加工会的权利，通过职工大会、职工代表大会或者其他形式参与民主管理，或者就保护劳动者合法权益与用人单位平等协商的权利，依法解除劳动合同的权利等。

◆ 农民工享有哪些劳动安全保护的权利？

《安全生产法》对劳动者的权利和义务做出了具体规定，其中在劳动者的权利方面规定：

（1）生产经营单位与从业人员订立的劳动合同，应当载明有关保障从业人员劳动安全、防止职业病危害的事项，以及依法为从业人员办理工伤社会保险的事项。生产经营单位不得以任何形式与从业人员订立协议，免除或者减轻其对从业人员因生产安全事故伤亡依法应承担的责任。

（2）生产经营单位的从业人员有权了解其作业场所和工作岗位存在

的危险因素、防范措施及事故应急措施，有权对本单位的安全生产工作提出建议。

（3）从业人员有权对本单位安全生产工作中存在的问题提出批评、检举、控告；有权拒绝违章指挥和强令冒险作业。生产经营单位不得因从业人员对本单位安全生产提出批评、检举、控告或者拒绝违章指挥、强令冒险作业而降低其工资、福利等待遇或者解除与其订立的劳动合同。

（4）从业人员发现直接危及人身安全的紧急情况时，有权停止作业或者在采取可能的应急措施后撤离作业场所。生产经营单位不得因从业人员在前款紧急情况下停止作业或者采取紧急撤离措施而降低其工资、福利等待遇或者解除与其订立的劳动合同。

（5）因生产安全事故受到损害的从业人员，除依法享有工伤社会保险外，依照有关民事法律尚有获得赔偿的权利的，有权向本单位提出赔偿要求。

有关部门可以监督检查用人单位的哪些情况？

①用人单位制定直接涉及劳动者切身利益的规章制度及其执行的情况；②用人单位与劳动者订立和解除劳动合同的情况；③劳务派遣单位和用工单位遵守劳务派遣有关规定的情况；④用人单位遵守国家关于劳动者工作时间和休息休假规定的情况；⑤用人单位支付劳动合同约定的劳动报酬和执行最低工资标准的情况；⑥用人单位参加各项社会保险和缴纳社会保险费的情况；⑦法律、法规规定的其他劳动监察事项。

◆ 用人单位招用人员时哪些行为是国家明令禁止的？

根据《劳动力市场管理规定》（劳动和社会保障部令第10号）的规定，禁止用人单位招用人员时有下列行为：①提供虚假招聘信息；②招用无合法证件的人员；③向求职者收取招聘费用；④向被录用人员收取保证金或抵押金；⑤扣押被录用人员的身份证等证件；⑥以招用人员为名牟取不正当利益或进行其他违法活动。

◆ 国家对工作时间是怎样规定的？

根据《国务院关于职工工作时间的规定》（国务院令第174号）等规定，我国实行劳动者每日工作8小时、每周工作40小时的工时制度。此外，由于工作性质及生产经营特点的限制，不能实行标准工作时间的，经有关部门审批后，可以实行不定时工作制或综合计算工时工作制。

用人单位由于生产经营需要，经与工会和劳动者协商后可以延长工作时间，一般每日不得超过1小时；因特殊原因需要延长工作时间的，在保障劳动者身体健康的条件下延长工作时间每日不得超过3小时，但是每月不得超过36小时。

◆ 我国采取哪些措施解决克扣和拖欠农民工工资问题？

国务院《关于解决农民工问题的若干意见》明确要求，建立农民工工资支付保障制度，严格规范用人单位工资支付行为，确保农民工工资按时足额发放给本人。①建立工资支付监控制度和工资保证金制度，从根本上解决拖欠、克扣农民工工资问题；②对发生过拖欠工资的用人单位，强制在开户银行按期预存工资保证金，实行专户管理；③对恶意拖欠、情节严重的用人单位，可依法责令停业整顿、降低或取消资质，直至吊销营业执照，并对有关人员依法予以制裁。

◆ 国家对职工病假有什么规定?

根据《企业职工患病或非因工负伤医疗期规定》，任何企业职工因患病或非因工负伤，需要停止工作医疗时，企业应该根据职工本人实际参加工作年限和在本单位工作年限，给予一定的病假假期。具体标准是：

职工实际工作年限10年以下的，在本单位工作5年以下的为3个月，5年以上的为6个月。职工实际工作年限在10年以上的，在本单位工作5年以下的为6个月；5年以上10年以下的为9个月；10年以上15年以下的为12个月；15年以上20年以下的为18个月；20年以上的为24个月。

医疗期3个月的按6个月内累计病休时间计算；6个月的按12个月内累计病休时间计算；9个月的按15个月内累计病休时间计算；12个月的按18个月内累计病休时间计算；18个月的按24个月内累计病休时间计算；24个月的按30个月内累计病休时间计算。

根据国家有关规定，职工患病或非因工负伤停止工作连续医疗期间在6个月以内的，企业应该向其支付病假工资；医疗期限超过6个月时，病假工资停发，改由企业按月付给疾病或非因工负伤救济费。病假工资的支付标准是：本企业工龄不满2年者，为本人工资的60%；已满2年不满4年者，为本人工资的70%；已满4年不满6年者，为本人工资的80%；已满6年不满8年者，为本人工资的90%；已满8年及8年以上者，为本人工资的100%。疾病或非因工负伤救济费的支付标准是：本企业工龄不满1年者，为本人工资的40%；已满1年未满3年者，为本人工资的50%；3年及3年以上者，为本人工资的60%。病假工资或疾病救济费不能低于最低工资标准的80%。

此外，农民工还依法享有女职工产假、依法参加社会活动请假等权利。

二、农民工找工作须知

◆ 外出打工前要做好哪些相关的准备？

（1）要带齐相关证件，包括本人身份证件、在户籍地办理的流动人口婚育证明以及学历证明、技术等级证明（资格证书、特殊工种操作证）等能证明本人技能和上岗资格的相关材料。

（2）联络关系，掌握信息。要到乡镇劳务工作站或区劳务办获取真实可靠的用工信息，最好参加政府组织的劳务输出，也可以同亲朋好友取得联系，选择适合自己的务工地域及就业岗位。

（3）要出去打工，最好在家乡或在打工城市参加一些正规的专业技能培训，学到一定技术，这样才有打工资本，好找工作，多挣钱。

（4）带上卫生防疫部门颁发的健康合格证，有利于在公共场所比如宾馆、饭店等找工作。

（5）要准备一定的资金、简单的生活用品、必要的衣物和常用的生产工具。

（6）要有吃苦拼搏、战胜各种困难的思想准备。

（7）提高警惕，谨防上当。无论是中途或到岗以后，绝不能盲目听信别有用心者的花言巧语，要有安全意识和自我保护意识，遇到问题要及时向劳动、公安、工会、妇联等相关部门求助。

另外，在外出之前，最好带一些 1 寸和 2 寸的半身免冠照片，以备进城之后办理一些必要证件时使用。

◆ 外出打工还需要另外办理就业证卡吗？

不需要。劳动和社会保障部办公厅《关于印发做好农村富余劳动力流动就业工作意见的通知》（劳社厅发［2000］3 号）曾经规定：外出人员就业登记卡和外来人员就业证是搞好流动人口管理，掌握流动就业状况，开展流动就业管理服务的基础手段；要坚持在劳动力输出地发卡；外出人员就业登记卡应反映外出前职业培训情况，反映权益保障和就业服务等信息；外来人员就业证应记录外来人员培训、就业、缴纳及享受社会保险等情况；流动就业证卡应实行省内统一管理，防止重复发放。

◆ 外出务工所需证件应该到什么地方办理？

不同的证件需要到不同的部门去办理，具体是：

（1）身份证。在户口所在地公安派出所办理。

（2）流动人口婚育证明。在户口所在地乡（镇）人民政府计划生育办公室，或者街道办事处办理。

（3）外出人员就业登记卡。在户口所在市县、区劳务办公室办理。县区劳务办公室可委托乡镇劳务工作站办理。

（4）暂住证。在务工地公安机关办理。有工作单位的，一般由用工单位代办。

此外，务工人员从事属于实行职业资格证书制度的工种或岗位的，要有劳动保障部门颁发的职业资格证书。在公共场所工作的，要持有卫生防疫部门颁发的健康合格证。

◆ 可以通过哪些途径了解有关招工信息？

外出务工人员可以从以下途径获得一些有效的招工信息：

（1）广播、电视和经国家有关部门批准有正式刊号的报纸、杂志传播的用工信息。

（2）在各级政府有关部门组织的招聘洽谈会或人才交流会上张榜公布的用工信息。

如果获得以上信息对农民工有难度，农民朋友可以从以下途径获得用工信息：①从户口所在地的乡、县劳动就业服务机构获取，比如乡镇就业服务站、县劳动就业服务机构等。乡镇劳动服务站是劳动保障部门在基层的劳动就业服务组织。这些单位常年为进城务工农民提供就业信息，其信息准确而可靠；②通过已在城镇务工的亲朋好友，或从家乡的其他人那里获得务工信息。在城镇务工的亲朋好友不仅有在城镇工作的经验，也了解进城务工的相关信息，特别是他们所在单位用工的信息。这些信息比较可靠，是获取务工信息简单而有效的途径。

◆ 进城找工作一般通过哪些途径？

（1）靠亲戚朋友介绍。这种方式的好处是不用花钱，还比较可靠，但是会受到一些限制。主要是亲戚朋友介绍的工作往往与他们正在干的工作有关，而这些工作不一定就适合自己。

（2）由包工头带出。这种方式对于务工者来说比较直接，容易产生的问题是劳动关系不规范，多是用口头协议来维持劳动关系，一旦发生劳动纠纷，务工者缺乏有力的依据，会遭受损失。

（3）参加政府部门，特别是劳动部门组织的劳务输出。这种方式的优点，第一是务工者可以在没有亲戚朋友或包工头带出去打工的情况下，稳妥地外出打工；第二是信息真实可靠，管理比较规范，工资、待遇比较有保障；第三是有方便的后续服务，比如提供住宿，进行培训，春节回家可以帮助订车票、船票等。

（4）个人外出后临时找工作。这种方式最大好处是比较自由，但是盲目性也比较大，成功率低，风险较大。

◆ 职业介绍机构有几种类型？

职业介绍机构，也可以叫做职业介绍中心、职业介绍所或者劳动力市场。职业介绍机构是用人单位和劳动者之间的纽带，一方面为劳动者介绍工作，另一方面也为用人单位招聘劳动者。

劳动和社会保障部《劳动力市场管理规定》规定，职业介绍机构分为各级劳动保障行政部门举办的公共职业介绍机构、其他非营利性职业介绍机构、营利性职业介绍机构 3 种类型：①公共性职业介绍机构。这是由各级劳动保障部门举办的、承担就业服务职能的公益性服务机构，使用全国统一的红色标识，无论是对城市劳动者还是对进城求职的农村劳动者都实行免费服务；②非营利性职业介绍机构。这是由其他政府部门、企事业单位、社会团体和其他社会力量举办的、从事非营利性职业介绍的服务机构。这类机构收取少量费用；③营利性职业介绍机构。这是由法人单位、其他社会组织和个人举办的、从事营利活动的职业介绍的机构。

开办职业介绍机构或其他机构开展职业介绍活动，须经劳动保障行政部门批准。其中，属于事业单位的，还应到机构编制管理机关办理事业单位登记或备案；属于民办非企业单位的，应到民政部门办理民办非企业单位登记；属于营利性职业介绍机构的，应到工商行政管理机关办理企业登记注册。职业介绍机构应当在服务场所明示合法证照、批准证书、服务项目、收费标准、监督机关名称和监督电话等。农民工到职业介绍机构求职时，应注意观察该机构是否有合法证照、批准证书，不要在没有合法证照、批准证书的非法职业介绍机构求职。

◆ 公共性职业介绍机构为农民工提供哪些方面的服务?

由劳动和社会保障部门举办的公共性职业介绍机构，一般都设立了信息咨询、供求登记、职业指导、职业介绍、就业培训、社会保障、合同鉴证、劳动监察等一系列的服务区。还配备了触摸式多媒体电脑和大屏幕电子显示屏。如果你对职业介绍机构的服务业务不了解，也可以利用触摸式多媒体电脑，了解有关服务的项目，按照规定的程序找工作人员，请他们提供帮助。

◆ 到营利性职业介绍机构找工作应注意哪些问题?

营利性职业介绍机构普遍规模较小，收费较高，经营灵活，效率较高。到这里找工作，首先要看有没有劳动和社会保障部门颁发的职业介绍许可证，按照有关规定，所有的职业介绍机构必须把职业介绍许可证挂放在经营场所的显著位置。如果到有“放心中介单位”这一类标牌的职业介绍机构，一般来说可靠性会更高一些。

◆ 农民工怎样识别违规的职业介绍活动?

根据《劳动力市场管理规定》第二十一条规定，职业介绍机构不得有下列行为:①超出标准的业务范围经营；②提供虚假信息；③超标准收费；④介绍求职者从事法律、法规禁止从事的职业；⑤为无合法证照的用人单位或者无合法身份证件的求职者进行职业介绍服务活动；⑥以暴力、胁迫、欺诈等方式进行职业介绍活动；⑦伪造、涂改、转让批准文件；⑧以职业介绍为名牟取不正当利益或进行其他违法活动。

职业介绍机构违反上述规定的，由劳动保障行政部门责令改正，并可处以 10 000 元以下罚款；有违法所得的，可处以不超过违法所得 3 倍的罚款，但最高不超过 30 000 元；情节严重的，提请工商部门吊销其营业执照，或提请原登记管理机关办理撤销登记；对当事人造成损害的，应承担赔偿责任。如果职业介绍机构有以上行为中的任何一种，就是违反《劳动力市场管理规定》的职业介绍活动，农民工朋友就应该进行抵制，或者到劳动保障部门投诉。

◆ 怎样防止在职业介绍机构求职时受骗？

（1）尽量到公共职业介绍机构求职。按照国家规定，城市公共职业介绍机构要为农民工免费提供就业信息、政策咨询、职业指导和职业介绍服务。

（2）如果是到民办职业介绍所求职，要注意其证件是否齐全，包括职业介绍许可证、营业执照、收费许可证，而且这些证件须上墙公示，并注有举报电话。

（3）不要轻易交纳费用。在一些非正规职介所里，收费项目繁多，如报名费、健康费、抵押金等，农民工求职时要弄清相关的缴费标准和规定，不能随便交费，并且有权拒绝各种不合理收费。

（4）要尽可能与用人单位面谈。接到录用通知后，要对用人单位进行实地考察，要留意企业名称、地址、联系电话、周围的环境以及工作现场是否安全卫生、企业是否有营业执照、是否能够自由出入等基本情况。

（5）拒绝高薪诱惑。非正规职介得以生存的主要手段是利用高薪诱惑农民工朋友，一些很普通的工作，有的职介机构承诺月收入几千元，这显然严重脱离实际，目前有很多非法职介利用这种办法行骗。此外，求职者在求职前最好对本职业的行情做一些简单的了解，避免上当受骗。

◆ 在招聘会求职时需要注意哪些问题？

（1）首先要了解洽谈会是哪个单位举办的，要找那些由政府劳动行政管理部门举办的招聘洽谈会。这类洽谈会不仅门票费用很低，而且参加招聘的用人单位都经过严格审查，招聘手续齐全，万一出问题，也容易得到合理解决。

（2）要了解洽谈会录用人员是否限定城市户口。如果不限或大部分用人单位不限，进城谋职的农民可积极去参加；如果是以解决城市下岗职工再就业为主要目的，限于录用城市人员的洽谈会，农民工朋友就不要去参加。

（3）去洽谈会之前要检查是否带好了零钱、纸笔和证件，以备购买门票、招聘材料和随时记录有用的招聘信息，随时准备接受用人单位的考察。

（4）去参加洽谈会要注意自己衣帽整洁、落落大方、彬彬有礼。这有利于给用人单位一个良好的第一印象，对于求职是否成功，也很重要。

（5）在一次洽谈会上招聘的用人单位往往少则有几十家，多时有几百家、上千家。你最好先用半个小时左右时间粗看一遍，心中选好几个重点单位，然后再按重点排序，一一细细了解洽谈。这样可避免在一两个无关紧要的招聘单位浪费大量时间，而对自己真正重要的单位，却没来得及去谈。

（6）询问情况，说话要有礼貌，声音要清楚，尽可能说普通话，不要畏首畏尾，更不要有扭捏之态。找工作是堂堂正正的事，没什么不好意思，要大方、坦诚。谈到工资、待遇等问题也不必吞吞吐吐。

（7）记清约定下次洽谈或面试的时间和地点及联系人，并要准时赴约，不可失信。

（8）拒绝向用人单位缴纳任何费用。在招聘洽谈会上如果用人单位要收取报名费、抵押金、保证金等均属非法，求职者应坚决拒绝，并向洽谈会办公室举报。

（9）不参加洽谈会场外的非法招聘活动，以免上当受骗。

◆ 怎样识别虚假招工？

正规的职介机构在刊登和发布招工信息时，不仅会注明自己公司名称、详细地址，还要注明公司的电话号码和业务范围。除此之外，对应聘者的学历、从业经验及有无相关行业的职业资格证等也要有一定的要求。虚假的用工信息不但缺乏上述要素，还往往夸大其词、自我吹嘘，一经推敲往往漏洞百出，露出马脚。所以，外出务工人员对随处张贴的用工信息、在路边巷口散发的招工求职登记表、亲戚朋友或老乡传来的用工信息及在自发劳务市场上得到的或其他公共场所道听途说的用工信息需小心谨慎，仔细观察，辨其真伪。为了不致上当受骗，找工作时，应注意以下几点：①不要被陌生人的花言巧语所蒙骗；②当别人向你出示证件时，应认真核对，仔细辨别真伪；③当别人以各种名目向你乱收费时，应当拒绝；④若已上当受骗时，不要惊慌，应积极寻求机会向劳动、公安、司法、工商等部门报告，积极寻求援助。

◆ 招工诈骗一般有什么特点?

招工骗局大都有一些共同的特点：①列出一些工作量小、工资高、福利高的优厚条件，具有诱惑力却不符合常理；②通常制造一些假营业执照、假工作证件、假委托招工手续及假招工简章等一些假手续；③大多巧立名目，预先收取报名费、咨询费、培训费等各种形式的费用；④多数为几个人合伙套设骗局，各自扮演不同的角色，集体行骗。

应该警惕哪些形式的劳务诈骗?

劳务诈骗的手段层出不穷，千变万化，让我们农民工朋友防不胜防。目前发现主要有6种劳务诈骗形式，农民工求职者必须特别小心。

（1）联手诈骗。劳务诈骗机构与各种各样的骗子公司联手，以推荐工作为名收取各种费用。

（2）引诱诈骗。把诈骗作为一门生意来经营，招聘时开出空头支票，口头承诺何时上班、月薪多少，引诱求职者上当，但根本无法兑现。

（3）游击诈骗。此类诈骗活动集中在车站、码头或外来务工人员流动量大的地段，其特点是花言巧语行骗，骗取钱财后就找不着人了。

（4）假证诈骗。用无效或假的营业执照、许可证来骗取求职者的信任，以骗取求职者的钱财。

（5）培训诈骗。一些非法的美容美发店、桑拿按摩中心，以培训并安排工作为名，收取高额的培训费用，诈骗者不是卷款潜逃，就是找理由不给安排工作。

（6）存钱诈骗。诱骗求职者先以押金、保证金等名义把钱存入指定账户，之后通过银行卡把钱取走，并以此逼迫求职者以酒店公关人员或服务生等身份从事非法活动。

◆ 什么是“农村劳动力转移培训阳光工程”？

为加强农村劳动力转移培训，加快农村劳动力转移，促进农民增收，国家农业部、财政部、劳动和社会保障部、教育部、科技部和建设部决定共同组织实施“农村劳动力转移培训阳光工程”，对有转移到二、三产业和城镇就业志愿的农民，由国家财政适当补贴，在输出地开展转岗就业前的短期技能培训。

实施农村劳动力转移培训阳光工程，是落实《2003 ~ 2010 年全国农民工培训规划》的一项重要举措，是公共财政支持开展的非农职业技能示范性培训。培训项目以粮食主产区、劳动力主要输出地区、贫困地区和革命老区为重点，坚持跨地区流动和就地转移相结合，通过订单培训形式，面向社会招标，确定项目实施单位。培训要以市场需求为导向，以转移到非农领域就业为目标，培训单位要保证受训农民转移就业。由农民自由选择培训单位、培训内容和培训时间。财政补助资金直接让农民受益。培训项目以短期的职业技能培训为重点，辅助开展引导性培训，培训时间一般为 15 ~ 90 天。职业技能培训以定点和定向培训为主，当前的培训重点是家政服务、餐饮、酒店、保健、建筑、制造等用工量大的行业的职业技能。

目的是提高农村劳动力素质和就业技能，促进农村劳动力向非农产业和城镇转移，实现稳定就业和增加农民收入，推动城乡经济社会协调发展，加快全面建设小康社会的步伐。

◆ 什么是职业资格证书制度？

职业资格证书制度是劳动就业制度的一项重要内容。它是指按照国家规定的职业技能标准或任职资格条件，由国家劳动部门通过资格考试、职业技能鉴定等方式，对劳动者的技能水平或职业资格进行客观公正、科学规范的评价，对合格者授予相应的国家职业资格证书。职业资格证书是求职、任职、独立开业和单位录用的主要依据。

个人可自主申请参加职业技能鉴定。申报职业技能鉴定，首先要根据所申报职业的资格条件，确定自己申报鉴定的等级。如果需要培训，应到经政府有关部门批准的培训机构参加培训。职业技能鉴定可分为知识要求考试和操作技能考核两部分。知识要求考试一般采用笔试，技能要求考核一般采用现场操作，如加工典型工件、生产作业项目、模拟操作等。经鉴定合格者，由劳动保障部门核发相应的职业资格证书。

◆ 我们农民工可以去哪里接受职业培训？

农民在进城务工前，最好根据自己的爱好、特长和劳动力市场的需求，选择参加某个工种的职业培训，学会一门技术。有了一技之长，找工作就会容易一些。

参加职业培训，有以下几条途径：①县、乡镇农业部门和劳动保障部门举办的培训班；②参加职业高中、技校、夜校、专门的职业培训学校的学习；③电视学校或网络学校的培训。

◆ 达到什么条件才能享受到技能培训补贴？

进城求职的农村劳动者参加职业技能培训，要先到当地定点培训机构参加技能培训，并足额交纳学费，保留好培训学校开具的行政事业性收费票据（或税务发票）。在所学培训时间内，达到国家规定的相应职业（工种）课时且经考核合格、并取得相应职业资格证书（专项能力证书），可向培训机构所在地劳动保障部门、财政部门申请培训补贴。每人每三年享受一次职业技能培训补贴，不得重复享受。

◆ 技能培训补贴的分类和标准是多少？

（1）A 类是指技术含量高，培训成本大，周期较长的制造类、机械维修类、餐饮类等耗材大的职业（工种）培训（电焊、车工、数控车床工、汽车驾驶员、汽车维修工、中式烹调师），一般培训时间在 3 ~ 12 个月及以上。

（2）B 类是指有一定技术含量，培训成本不大，需要一定的培训周期的计算机电子类、家电维修类、建筑类、餐饮类、服装类、加工类、生产操作类等职业（工种）培训，一般培训时间在 1 ~ 6 个月（含 6 个月）。

原则上，A 类补贴标准为培训 3 个月补贴 300 元 / 人，每增加 1 个月补贴增加 100 元 / 人，最高不超过 800 元；B 类补贴标准为培训 1 个月补贴 100 元 / 人，每增加 1 个月补贴增加 100 元，最高不超过 500 元。用人单位组织开展技能培训的，给予相应职业（工种）补贴标准的 50%。

◆ 我们农民工维权主要有哪些途径？

（1）在职业中介机构被骗或者被用人单位侵权的，可以到当地劳动保障监察机构投诉。

（2）与用人单位发生劳动争议的，可以到当地劳动仲裁委员会申请仲裁；对仲裁结果不服的，可以向当地人民法院提起诉讼。

（3）到劳动保障部门投诉或申请工伤认定、要求支付社会保险待遇等，如果劳动保障部门有关机构拖着不办，或者对其处理结果不服的，可以申请行政复议或向当地人民法院提起诉讼。

（4）如果遇到一些复杂的官司，对法律问题搞不懂的时候，可以到当地工会、妇联、共青团组织、当地新闻媒体、法律援助中心等部门寻求帮助。

（5）如果想了解劳动保障政策，或者遇到具体问题需要咨询的时候，可以拨打“12333”免费劳动保障政策咨询热线电话，工作人员会给您详细的解答。

◆ 维护自身权益时应当注意哪些法律时限？

劳动者通过劳动争议仲裁、行政复议等法律途径维护自身合法权益，或者申请工伤认定、职业病诊断与鉴定等，一定要注意在法定的时限内提出申请。如果超过了法定时限，有关申请可能不会被受理，致使自身权益难以得到保护。主要的时限包括：

（1）申请劳动争议仲裁的，应当在劳动争议发生之日（即当事人知道或应当知道其权利被侵害之日）起 60 日内向劳动争议仲裁委员会申请仲裁。

（2）对劳动争议仲裁裁决不服，提起诉讼的，应当自收到仲裁裁决书之日起 15 日内，向人民法院提起诉讼。

（3）申请行政复议的，应当自知道该具体行政行为之日起 60 日内提出行政复议申请。

（4）对行政复议决定不服，提起行政诉讼的，应当自收到行政复议决定书之日起 15 日内，向人民法院提起行政诉讼。

（5）直接向人民法院提起行政诉讼的，应当在知道做出具体行政行为之日起 3 个月内提出，法律另有规定的除外。因不可抗力或者其他特殊情况耽误法定期限的，在障碍消除后的 10 日内，可以申请延长期限，由人民法院决定。

（6）申请工伤认定的，所在单位应当自事故伤害发生之日或者被诊断、鉴定为职业病之日起30日内，向统筹地区劳动保障行政部门提出工伤认定申请。遇有特殊情况，经报劳动保障行政部门同意，申请时限可以适当延长。用人单位未按前款规定提出工伤认定申请的，工伤职工或者其直系亲属、工会组织在事故伤害发生之日或者被诊断、鉴定为职业病之日起1年内，可以直接向用人单位所在地统筹地区劳动保障行政部门提出工伤认定申请。

◆ 务工人员应该遵守哪些职业道德和基本从业原则？

务工人员应遵循基本的职业道德：爱岗敬业；诚实守信；办事公道；服务意识强；奉献社会。务工人员应遵守的基本从业原则是：积极工作是非常必要的，不要感情用事，善于和大家合作。

◆ 怎样履行遵纪守法的义务？

（1）注意学习法律法规知识。只有知道了按照法律规定应该做什么，不应该做什么，才能使自己的行为符合法律法规的要求。

（2）树立牢固的守法意识。法律无情，要自觉地约束自己的行为，不能做违法的事情，否则会受到法律的制裁。

（3）注意养成遵守法律法规的良好习惯。要严格要求自己，从小事做起，从身边的事做起，使遵守法律法规成为自己自觉的行为。

◆ 什么是农民工银行卡特色服务？

农民工银行卡特色服务是指农民工在外出打工的银行营业网点办理银联借记卡并存入现金，然后在家乡就近的农村信用社、邮政储蓄机构营业网点柜台通过刷卡方式办理取款及查询业务。使用银行卡取款不仅携带方便，还能防范假钞、诈骗、盗窃等事件，万一丢失，可及时办理挂失手续，保证了农民工的切身利益，所以说农民工银行卡特色服务为农民工提供了一条直接延伸到家门口的方便、安全、快捷的取款通道。

◆ 开展农民工银行卡特色服务推广工作有什么作用？

随着我国城市化的发展和农村劳动力资源流动性的增强，跨地区劳务输出日趋频繁。目前，国内农民工数量已经超过1亿人，农民工向家乡的年汇款额达数千亿元，并以每年数百亿元的速度快速增长。但农村汇款体系不健全、汇款方式单一、周期长，难以满足广大农民工对方便、安全、快捷的资金转移服务的需求，致使许多农民工不得不携带大量现金回家。为了给农民工提供方便快捷的汇款渠道，避免农民工携带现金返乡的各种风险，人民银行决定组织实施农民工银行卡特色服务。

农民工银行卡特色服务作为中国人民银行会同有关方面为农民工办的一件实事，是按照“三个代表”重要思想的要求，贯彻实施科学发展观，落实党中央、国务院关于统筹城乡发展，切实解决“三农”问题，建设社会主义新农村号召的一项实实在在的举措，是改善农村支付结算环境的重要制度安排，是丰富农民工异地存取款手段、进一步便利农民工汇款的有效方式，是在农村和欠发达地区推广使用银行卡、巩固联网通用成果并促进商业银行和农村信用社中间业务发展、实现多方共赢的有效途径。

◆ 怎样保证农民工银行卡的资金安全？

农民工银行卡特色服务以满足农民工方便、安全、快捷地取款需要为基本功能。由于农民工资金来之不易，中国人民银行要求各方在业务开办过程中，格外注意安全控制问题，要通过业务管理、技术防范等手段提高风险防范能力，为农民工通过农信社柜台办理取款业务提供安全的交易环境，确保农民工资金安全，维护农民工权益。①规范业务操作。严格遵守国家有关账户管理、现金管理、银行卡管理及反洗钱管理的规定，防范欺诈、洗钱等违法犯罪活动的发生；②加强提现金额控制。为确保农民工资金安全，防范银行卡、密码丢失造成资金风险，每卡每日累计取现金额不超过5000元人民币；③加强农村信用社内控管理。严格操作规程，将防范风险和打击违法犯罪纳入日常管理工作，切实维护农民工持卡人的权益；④各发卡银行、农村信用社应加强对农民工安全持卡、用卡的指导；⑤农民工要增强安全用卡意识。持卡人持银联借记卡在农村信用社县及县以下营业网点柜台取款，与在其他的银行柜台持卡取款相比，操作方法完全一致，在持卡取款时，持卡人只需输入卡片密码，直接按确认。请农民工朋友加强风险防范意识，保管好卡片和密码。

◆ 丢失了银行卡怎么办？

遗失卡片请及时与发卡行联系进行挂失。持卡人可通过以下三条途径得到详细的用卡信息：①发卡行柜台或客户服务热线；②中国银联 95516 服务热线；③农村信用社、邮政储蓄银行柜台或公布的服务电话。

◆ 哪些银行卡可以办理农民工银行卡特色服务？

为最大限度地为农民工提供取款便利，凡使用加入中国银联网络的所有发卡银行发行的带有“银联”标识的人民币借记卡，都可以在开通特色服务区域的农村信用社、邮政储蓄机构县及县以下营业网点柜台办理提取现金业务。

◆ 农民工银行卡特色服务收费标准是如何确定的？

在综合评估农民工银行卡特色服务成本、收益的基础上，按照既减轻农民工持卡人取款的成本负担，调动持卡人用卡积极性，又适当弥补各参与方的成本支出，调动其开展业务积极性的原则，参照现行商业银行汇款业务收费标准，确定农民工银行卡特色服务的收费标准为：每笔取款业务对持卡人按照交易金额的 0 ~ 8% 收取，最低 1 元，最高 20 元。

◆ 进城打工要了解哪些城市管理的法律、法规？

进城务工，到城市生活，应该了解《城市市容和环境卫生管理条例》、《公共场所卫生管理条例》、《道路交通安全法》、《治安管理条例》、《租赁房屋治安管理规定》、《暂住证申领办法》、《流动人口计划生育工作管理办法》等法律法规。

◆ 进城打工应注意哪些消防安全事项？

（1）禁止携带火种进入生产和储存易燃、易爆、危险物品的场所。

（2）禁止在具有火灾、爆炸危险的场所使用明火。

（3）进行电焊、气焊等具有火灾危险的作业人员和自动消防系统的操作人员，必须持证上岗，并严格遵守消防安全操作规程。

（4）严禁在工作、生活场所擅自使用大功率电器，不能私自乱接乱拉配电导线。

（5）在公共场所及公共交通工具上禁止吸烟，严禁随地乱抛烟蒂，以防发生火灾。

（6）严格遵守务工场地的消防安全规定，应当熟悉务工场地的疏散逃生路线，疏散通道要保持畅通。

（7）发生火灾险情后，在进行自救的同时，要立即拨打火警电话119，听从消防人员的指挥。

◆ 应该记住的常用紧急求救电话号码有哪些？

农民工在遇到紧急情况时，要及时拨打救助电话，应该记住以下电话号码：

（1）报警电话：110。发生被盗、被抢，各种灾害事故或危及本人及他人生命财产安全的紧急情况时，拨打“110”报警。

（2）火灾报警电话：119。发生火灾时要及时拨打“119”。

（3）交通事故报警电话：122。遇到交通意外事故时，要拨打“122”求助。

（4）医疗急救电话：120。发生意外伤害或有危重病人需要急救时，拨打“120”。

另外，农民工还应该记好自己的用工单位电话号码和地址，以及居住地派出所的电话号码和地址，以备紧急情况下联系使用。

◆ 农民工如何办理暂住证？

根据《暂住证申领办法》的规定，离开常住户口所在地、拟在暂住地居住1个月以上，年满16岁的外出务工人员，在申报暂住户口登记的同时，应当申领暂住证。暂住证为1人1证，有效期限最长为1年，期满后可办理延期或换领手续。农民工申领暂住证由用人单位或者雇主将暂住人员登记造册，到暂住地公安派出所申领暂住证。

◆ 租住房屋应该注意哪些问题？

（1）首先要弄清你所要租住的房屋有没有“房屋所有权证”、“房屋租赁许可证”，出租人是不是房子的真正主人。如果是通过房屋中介租房，一定要寻找信誉好的中介。

（2）租房前要谈好条件，一次性交的房租越少越好。要谈清楚房子的水电费、物业管理费、暖气费等费用是不是包括在房租内，在什么时候交多少房租。

（3）双方谈好条件后要签订房屋租赁合同，把所有的条件都写明，双方签字生效。

（4）注意房子结构是否安全，有没有通风窗户，门窗是否结实，电、水及煤气管线是否老化。

（5）租房后不要乱拉电线，不要把易燃物品靠近火源，不要使用电炉、电热棒之类的电器。

（6）如果需要改动或装修所租住的房屋，一定要征得房主的同意。

◆ 为什么要严格遵守城市道路交通安全法？

城里人流车流密集，车辆速度快，为保障人员安全、交通畅达，国家制定了严格的交通安全法，各地结合当地情况还制定了交通安全法的实施条例。可以说交通法规是无数血的教训换来的。但是不少人特别是进城务工人员交通安全意识差，有的还存在着“汽车不敢撞我”的侥幸心理，出行时像在农村一样漫不经心，随意横穿机动车道，甚至铁路，往往酿成惨祸。在城市交通事故中，进城务工人员违章造成的事故占有相当高的比例。“汽车猛于虎”，要保障自己和他人生命财产的安全，必须严格遵守交通规则。

◆ 需要注意的交通规则和常识有哪些？

（1）在马路上行走，一定要靠右边走人行道。在没有专设人行道的地方，要尽可能靠右边。

（2）横过马路时，要走天桥或地下通道，在没有天桥和地下通道的地方，一定要走人行横道线。

（3）在市郊没有天桥和地下通道，也没有人行横道线的地方横过马路时，要一看二慢三通过。千万不可以紧随正在飞奔的车尾部匆匆跑过。因为这时如果有车从飞奔的车对面驶来，由于头一个车的阻挡，对面驶来的车上的司机与你互相谁也看不见谁，等你从车后出现，互相看见了，但是刹车和后退都来不及了，极易发生车祸。

（4）不要横越马路中间的隔离墩或护栏。否则，即使不发生意外，也很可能被罚款。

（5）骑自行车必须靠右边走非机动车道，不能带人，不能带超高超宽的物品，转弯时要放慢速度，要打手势指明自己要转的方向。

（6）在交通路口，要听从交通指挥灯的指挥。绿灯行，红灯停，黄灯表示正行进在路中间的可继续行进，而未跨入路口的则不能再向前进。在十字路口，如有交警指挥，要听从交警指挥。看到或听到不断“啾啾”鸣叫的警车、急救车、消防车要一律让路。

（7）万一发生交通事故，要注意保护现场，请交通民警来处理。如果是你撞伤了别人，绝对不要逃避责任。如果有人驾车撞伤了你后逃走，你要记住车号，报交通大队追查责任。

◆ 在道路上行走不得有哪些行为？

道路交通安全法第六十一条规定，行人应当在人行道内行走，没有人行道的靠路边行走。道路交通安全法实施条例对这个规定进行了必要补充，第十四条规定，行人不得有下列行为：在道路上使用滑板、旱冰鞋等滑行工具；在车行道内坐卧、停留、嬉闹；追车、抛物击车等妨碍道路交通安全的行为。这是因为：滑板、旱冰鞋等滑行工具速度快、没有制动设施，在道路上使用非常不安全，也容易给道路的安全和畅通造成影响；在车行道内坐卧、停留、嬉闹不但妨碍车辆通行的安全和畅通，也会给行为人带来危险，因此，应当予以严厉禁止。这些方面，农民工在进城打工的过程中应该特别注意。

◆ 行人横过机动车道应当遵守什么规定？

道路交通安全法第六十二条规定：行人通过路口或者横过道路，应当走人行横道或者过街设施；通过有交通信号灯的人行横道，应当按照交通信号灯的指示通行；通过没有交通信号灯、人行横道的路口，或者在没有过街设施的路段横过道路，应当在确认安全后通过。

为了保障行人通过路口或横过道路的安全，道路交通安全法第四十七条还对机动车做出了要求：机动车行经人行横道时，应当减速行驶；遇行人正在通过人行横道，应当停车让行；机动车行经没有交通信号的道路时，遇行人横过道路，应当避让。

道路交通安全法实施条例在上述规定的基础上对行人横过机动车道做出了更有针对性的规定，第七十五条规定：行人横过机动车道，应当从行人过街设施通过；没有行人过街设施的，应当从行人人行横道通过；没有人行横道的，应当观察来往车辆的情况，确认安全后直行通过，不得在车辆临近时突然加速横穿或者中途倒退、折返。

◆ **在道路上列队通行应当遵守什么规定？**

对于行人的列队通行，道路交通安全法没有规定。1988 年道路交通管理条例第六十四条规定：列队通行道路时，每横列不准超过 2 人。儿童的队列须在人行道上行进，成人的队列可以紧靠车行道迅速通过；没有人行横道的，须直行通过；长列队伍在必要时，可以暂时中断通过。道路交通安全法实施条例在 1988 年道路交通管理条例的基础上，继续保留了有关内容，实施条例第七十六条规定，行人队列在道路上通行，每横列不得超过 2 人，但在已经实行交通管制的路段不受限制。

◆ **怎样警惕路边骗局？**

路边骗局都带有诈骗性质，常见的骗术有引诱路人下残局象棋、猜扣碗内的扑克点数、假装捡拾钱包与你平分、兜售假古董等，这些骗局一般都有假装不认识的同伙参与。这些同伙一般都能占到便宜赢到钱或分到钱。农民工朋友千万不要因为看到别人占了便宜而去参与，以免上当受骗。

◆ **怎样使用公用电话？**

城市街头有各种各样的公用电话亭，任何人都可以利用电话卡打市内或长途电话。街头的小店和报刊摊都有电话卡卖，面值有 10 元、20 元、30 元、50 元、100 元等，可以根据自己的需要购买。

使用公用电话亭的电话时，可按照电话机上的说明操作。一般有以下步骤：

（1）插入电话卡。将有三角形箭头的一面向上，按箭头方向平插入电话机插卡口。

（2）拨号。摘下电话机听筒，听到拨号音后输入对方的区号和电话号码，本市电话不用输入区号，听到对方接线声就可以通话了。查当地电话可拨 114 查询，查外地电话在 114 前加上所拨电话号码的区号。

（3）通话。通话前要想好要说的事情，可以节省通话时间。

（4）挂机和取卡。通话完毕后挂机，要记住把电话卡取走。

需要特别提示的是，114 查询电话费比市话高，所以要尽量少用和短用。要去正规的摊点购买电话卡，以免受骗上当。避免打电话点歌、聊天等，因为这些电话费比打长途电话还要贵。

◆ 怎样到城市医院看病？

到城市医院看病，一定要到卫生部门办的正规医院。一般医院的门诊大厅都有服务台，可以先到服务台向医护人员说明自己哪里不舒服，问清楚需要挂哪个科的号，然后再到挂号处挂号。如果有急症，比如发高烧、严重腹泻或者发生了严重外伤，可直接到医院的急诊室就诊。

◆ 哪些人、哪些病可以得到国家免费治疗？

艾滋病、非典型性肺炎、肺结核可以得到免费治疗。对艾滋病免费治疗的群体包括：经济困难的农民和城镇参加基本医疗保险等社会保障的人员；疫情较重地区经济困难的艾滋病病人，感染艾滋病病毒的孕妇。

非典型性肺炎：国家对农民和城镇困难群众中的“非典”患者实行免费医疗救治，救治费用由救助地政府负担。

肺结核：带上身份证明到肺结核病专业防治机构，进行免费检查和治疗，如果确诊是肺结核，结核病防治所将提供免费治疗药物。如果不能确定自己是不是结核病，可到综合性医院做初步检查，如果怀疑是结核病，会被转到结核病防治医院。

以上三种疾病防治咨询地点：各地医疗保健机构、卫生防疫机构。

◆ 发生火灾怎样避险？

如果发生火灾，无论什么情况都要保持冷静，迅速判断出危险处和安全地点，果断采取必要的自救措施或扑灭。如果火势难以控制，应尽快撤离险境。拨打火警119报警时，应说明失火的详细地址，周围的显著标志，燃烧物及火势大小。、

如果在大楼里遇到火灾可以采取以下办法逃生：

（1）在房间内要把门关严，用湿毛巾把门缝堵严。

（2）楼层低的房间，可以利用床单、被罩结绳从窗外滑行。

（3）可以利用通讯工具寻求援助，或者往窗外扔东西以引起救援人员的注意。

（4）要用湿毛巾捂住鼻、口，防止窒息。

（5）高层楼的房间，有机会往外逃生，一定要往下层走，并且弯腰或匍匐行走。

（6）在一、二层房间可以选择比较安全的地点跳楼逃生。

切忌乘电梯逃生，或者往死角里躲，更不要为寻找房间里贵重物品而耽误时间。

◆ 怎样做到安全用电？

（1）严格按照电器使用说明使用电器。

（2）在使用电器时，应先插电源插头，后开电器开关。用完电器后，应先关掉电器开关，后拔电源插头。严禁身体直接接触导体，不得硬拉电线。

（3）湿手不要接触带电设备，不要用湿布接触带电设备。

（4）带金属外壳的可移动电器，应使用三芯塑料护套线或三眼插座、三脚插头。插座内务必安装接地线，但不要把接地线接到自来水管或煤气管上。

（5）不要在电线上悬挂物品或晾晒衣物。

（6）遇到电器设备冒火，原因不明时千万不要用手拔掉插头或拉闸刀，应用绝缘物拔掉插头或断开闸刀，先切断电源再灭火。

（7）发现电线断落，无论带电与否，都应视为带电，应与其保持足

够的距离，并及时报告有关部门。发现有人触电，不能直接接触触电者，应用干木棒或其他绝缘物将电源线挑开，使触电者脱离电源。

◆ 怎样防止煤气中毒？

使用煤炉或煤气，最要紧的是做好排气通畅，千万不能心存侥幸。

煤气中毒初始，患者会感到头晕、耳鸣、恶心，进而眼花，站立不稳，此时如能及时脱离中毒现场或打开门窗通风，即使不经治疗，数小时后即可恢复健康。中毒时间长，会使人产生昏迷，甚至死亡。昏迷时间越长，所产生的后遗症越严重。

一旦发现有人煤气中毒，救护者应在室外大吸一口空气，用湿毛巾捂住鼻子嘴巴，进入室内应先打开门窗，再关掉煤气开关。注意千万不要开电灯或使用打火机、火柴等，以防爆炸。应尽快将患者移至空气新鲜和通风良好的地方展开救治。

当自己感到煤气中毒时，不要慌张，应迅速打开门窗，关闭煤气，撤离现场，如无力打开门窗，可砸开门窗玻璃等，使之通风，并呼叫求援。

◆ 怎样防止食物中毒？

在饮食中一定要注意：①养成良好的卫生习惯，饭前要洗手；②不要图便宜而购买无照商贩的食品；③不要吃污染、变质、霉烂的食物。有些食物一定要煮熟才能吃，比如扁豆、鲜黄花菜等。不是纯净的生水不要直接喝；④合理安排饮食，荤素搭配，不要暴饮暴食，不要酗酒。

食物中毒发生后，要尽快采取措施：如对刚吃进去的毒物，要尽快催吐，排除毒物，阻止毒物的吸收；如误食毒物已有一些时间，应采取措施促进毒物尽快排泄，根据病情做必要的治疗和对症处理；对重症患者进行特殊治疗，如洗胃、清肠。

◆ 用人单位能否扣押农民工的居民身份证？

根据《居民身份证法》的规定，除公安机关依照《中华人民共和国刑事诉讼法》执行监视居住强制措施的情形外，任何组织或者个人不得扣押居民身份证。因此，用人单位不得以任何理由扣押劳动者的居民身份证。

◆ 农民工进城承包建筑工程应当注意哪些问题?

（1）凡到城市从事建筑、安装、市政、装饰、修缮工程的外地施工企业，均应到城市建设管理部门办理注册手续。

（2）在城市施工期间，要遵守国家法律、法规和当地政府的有关规定。接受建筑业主管机关和公安、工商、环保、卫生、劳动、税务、审计等部门和建设银行的监督和管理。

（3）在施工中要严格履行合同、保证施工质量、保证施工安全，及时向施工地所在区、县建设管理部门办理施工管理备案。并按规定向市、区、县报送统计资料。要在建设银行开立账户。

（4）按规定向当地公安机关办理暂住登记，申领暂住证。

（5）向劳动部门申领安全生产合格证和做工证。

（6）在施工中要注意爱护树木、爱护花草、爱护环境。拉运建筑材料或垃圾要防止抛撒，机械施工要尽量降低噪声，尽量减少扰民。

（7）在施工中如发现文物、古迹，要尽量保护并及时向当地文物管理部门报告。

◆ 钱花光了但没找到工作怎么办?

进城务工如果钱花光了还没有找到工作，身边又没有亲戚、朋友和老乡，走投无路，可以找当地的救助站。找救助站的方法是：可以找警察、城管人员或打110报警电话，说明自己的姓名、身份，说明自己遇到的困难，请求帮助。他们会告诉你怎么找到就近的救助站。

救助站只救助那些在当地没有生活来源、没有亲戚投靠、没有工作而在城市流浪乞讨度日的人员。救助站只是救急的场所，并不提供工作机会，所以不能解决根本问题。

三、工资和劳动时间

◆ 什么是工资?

工资是指建立劳动关系的劳动者为用人单位付出正常劳动的情况下，用人单位依据劳动合同的约定，以货币形式支付给劳动者的劳动报酬，包括计时工资、计件工资、加班加点工资、奖金、津贴和补贴以及特殊情况下支付的工资。

◆ 什么是最低工资标准?

最低工资标准是国家为了保护劳动者的基本生活，而强制规定用人单位必须支付给劳动者的最低工资报酬。《劳动法》第四十八条规定，国家实行最低工资保障制度。用人单位支付劳动者的工资不得低于当地最低工资标准。最低工资标准每年会随着生活费用水平、职工平均工资水平、经济发展水平的变化而由当地政府进行调整。务工者可以通过劳动保障部门或者其他途径了解打工所在地的最低工资标准。最低工资不包括下列项目:加班加点工资，中班、夜班、高温、低温、井下、有毒有害等特殊工作环境、条件下的津贴，以及国家法律、法规、政策规定的劳动者福利待遇等。

用人单位支付劳动者的工资不得低于当地最低工资标准。最低工资保障制度适用于我国境内的企业、民办非企业单位、有雇工的个体工商户。国家机关、事业单位、社会团体依照执行。

◆ 什么是劳动者标准工作时间？

根据国家有关规定：我国目前实行职工每天工作 8 小时、每周工作 40 小时的标准工时制度。同时规定用人单位延长工作时间，一般每天不得超过 1 小时；因特殊原因需要延长工作时间的，在保障务工者身体健康的条件下，每天不得超过 3 小时，每月累计不得超过 36 小时。如果超过这一限度，就是违法行为，应当承担相应的法律责任。

◆ 国家对工资支付的形式和时间有什么规定？

在工资支付的形式上，用工单位必须用现金支付，不能用生产的产品或其他实物形式充抵。《劳动法》第五十条规定，工资应当以货币形式按月支付给劳动者本人，不得克扣或无故拖欠劳动者的工资。

在工资支付的具体时间上，《工资支付暂行规定》根据不同情况分别做出如下规定：①工资必须在用人单位与劳动者约定的日期支付。如遇节假日或休息日，则应提前在最近的工作日支付。工资至少每月支付 1 次，实行周、日、小时工资制的可按周、日、小时支付工资；②对完成一次性临时劳动或某项具体工作的劳动者，用人单位应按有关协议或合同规定在其完成劳动任务后即支付工资；③劳动关系双方依法解除或终止劳动合同时，用人单位应在解除或终止劳动合同时一次付清劳动者工资。

◆ 什么是加班加点工资？

加班加点工资是指用人单位根据生产、工作需要，安排劳动者在法定节假日和公休假日内，或在工作日标准工作时间以外继续生产劳动所付的工资。

◆ 用人单位安排农民工加班加点应符合哪些规定？

加班加点，也称延长劳动时间，是指用人单位经过一定程序，要求劳动者超过法律、法规规定的最高限制的日工作时数和周工作天数而工作。一般分为正常情况下加班加点和非正常情况下加班加点两种形式。

正常情况下加班加点，按照《劳动法》的规定，需具备以下三个条件：

①由于生产经营需要；②必须与工会协商；③必须与劳动者协商。正常情况下加班加点，一般每日不得超过1小时，因特殊原因需要延长工作时间的，在保障劳动者身体健康的条件下延长工作时间每日不得超过3小时，但是每月不得超过36小时。

非正常情况下加班加点，是指依据《劳动法》第42条的规定，遇到下列情况，用人单位可以不受正常情况下的限制而安排劳动者加班加点：①发生自然灾害、事故或者因其他原因，威胁劳动者生命健康和财产安全，需要紧急处理的；②生产设备、交通运输线路、公共设施发生故障，影响生产和公众利益，必须及时抢修的；③法律、行政法规规定的其他情形。禁止安排怀孕7个月以上和在哺乳未满1周岁的婴儿期间的女职工加班加点和夜班劳动。

用人单位安排劳动者在休息日加班的，应安排补休；不能安排补休的，应依法支付加班工资。安排劳动者加点或在法定节日加班的，应依法支付加班加点工资。

◆ 安排农民工加班应如何支付加班工资？

《劳动法》第四十四条规定，有下列情形之一的，用人单位应当按照下列标准支付高于劳动者正常工作时间工资的报酬：

（1）安排劳动者延长工作时间的，支付不低于工资的150%的工资报酬。

（2）休息日安排劳动者工作又不能安排补休的，支付不低于工资的

200%的工资报酬。

（3）法定休假日安排劳动者工作的，支付不低于工资的300%的工资报酬。

实行计件工资制的企业也应该按规定支付加班费。《工资支付暂行规定》规定，已实行计件工资的劳动者，在完成计件定额任务后，由用人单位安排延长工作时间的，应根据上述规定的原则，分别按照不低于其本人法定工作时间计件单价的150%、200%、300%支付其工资。需要注意的是，实行不定时工时制度的劳动者，不执行上述规定。

◆ 试用期的工资标准是什么？

劳动部发布的《对〈工资支付暂行规定〉有关问题的补充规定》中指出：学徒工、熟练工、大中专毕业生在学徒期、熟练期、见习期、试用期及转正定级后的工资待遇由用人单位自主确定。但是，并非用人单位就可以随意地给处在试用期的员工确定工资水平。劳动部在《关于贯彻执行中华人民共和国劳动法若干问题的意见》第五十七条规定：劳动者与用人单位形成或建立劳动关系后，试用、熟练、见习期间，在法定工作时间内提供了正常劳动，其所在的用人单位应当支付其不低于最低工资标准的工资。可见，用人单位可以自主确定劳动者试用期内的工资标准，但也只能在不违反劳动法律规范的前提下自主确定。确切地说，也就是用人单位有权在当地最低工资标准以上，自主确定劳动者试用期内的工资标准。

◆ 非全日制用工是怎么回事？

劳动和社会保障部《最低工资规定》、《关于非全日制用工若干问题的意见》规定，非全日制用工指的是按小时计算劳动报酬、劳动者在同一用人单位平均每天工作时间不超过5小时，每周累计工作时间不超过30小时的用工形式。目前，非全日制用工以小时工为主要形式，这一用工形式与全日制用工形式相比，更能适应用人单位灵活用工的要求，也适应打工者自主择业的需要。劳动和社会保障部印发的《关于非全日制用工若干问题的意见》，规范了非全日制用工劳动关系，对保障劳动者的合法权益，促进非全日制就业的健康发展，具有十分重要的作用。

◆ 怎样确定非全日制用工的小时最低工资标准？

非全日制用工的小时最低工资标准是由各省、自治区、直辖市规定的，并报劳动和社会保障部备案。最低小时工资标准的确定应当参考以下因素：当地政府颁布的月最低工资标准；单位应缴纳的基本养老保险费和基本医疗保险费；非全日制劳动者与全日制劳动者在劳动条件、劳动强度和福利待遇等方面的差异等等。

◆ 非全日制打工者以小时计算的工资标准怎样确定？

劳动和社会保障部《最低工资规定》、《关于非全日制用工若干问题的意见》规定，用人单位应当按时、足额支付非全日制劳动者的工资，具体可以按小时、日、周或月为单位结算。在非全日制劳动者提供正常劳动的情况下，用人单位支付的小时工资不得低于当地小时最低工资标准。非全日制用工的小时最低工资标准由各省、自治区、直辖市人民政府规定。

◆ 非全日制用工的劳动者可以在多个用人单位打工吗？

可以。劳动和社会保障部印发的《关于非全日制用工若干问题的意见》中明确规定，从事非全日制工作的劳动者，可以与 1 个或 1 个以上的用人单位建立劳动关系，也就是说，打工者可以在多个用人单位打工，领取多份劳动报酬，这也是非全日制用工与全日制用工的重大区别。

◆ 我们农民工可以拒绝加班吗？

劳动部《关于贯彻执行中华人民共和国劳动法若干问题的意见》第

七十一条规定，企业确因生产经营需要，必须延长工作时间的，应与工会和劳动者协商。协商后，企业可以在《劳动法》限定的延长工作时数内决定延长工作时间。对企业违反法律、法规强迫劳动者延长工作时间的，劳动者有权拒绝。若由此发生劳动争议，可以提请劳动争议处理机构予以处理。

◆ 用人单位安排加班又不依法支付加班费怎么办？

应该由劳动行政部门责令限期支付加班费；逾期不支付的，责令用人单位按应付金额50%以上100%以下的标准向劳动者加付赔偿金。

◆ 什么是克扣劳动者工资？

克扣工资是指用人单位无正当理由扣减劳动者应得工资。但是，以下几种减发工资的情况不属于克扣工资：

（1）国家的法律、法规中有明确规定的。

（2）依法签订的劳动合同中有明确规定的。

（3）用人单位依法制定并经职代会批准的厂规、厂纪中有明确规定的。

（4）因劳动者请事假等相应减发工资等。

按照《劳动法》以及《违反〈中华人民共和国劳动法〉行政处罚办法》等规定，用人单位克扣劳动者工资的，由劳动保障行政部门责令支付劳动者的工资报酬，并加发相当于工资报酬25%的经济补偿金。并可责令用人单位按相当于支付劳动者工资报酬、经济补偿总和的1～5倍支付劳动者赔偿金。

◆ 用人单位可以扣发劳动者的哪部分工资？

根据规定，用人单位在下列情况下可以扣发劳动者的部分工资：①用人单位代扣代缴的个人所得税；②用人单位代扣代缴的应由劳动者个人负担的各项社会保险费用；③法院判决、裁定中要求代扣的抚养费、赡养费；

④法律、法规规定可以从劳动者工资中扣除的其他费用。

◆ 用人单位不按时支付工资有什么法律后果?

《违反和解除劳动合同的经济补偿办法》[1994]481号第三条规定:用工单位没有正当理由超过劳动合同规定的付薪时间未支付劳动者工资属于无故拖欠工资，是侵权行为，劳动者可以向当地劳动保障监察部门举报。用工单位无故拖欠工资的，劳动保障监察部门除应责令用工单位在规定的时间内全额支付劳动者工资外，还需加发相当于工资25%的经济补偿金。如果用工单位遇到非人力所能抗拒的自然灾害或因生产经营困难、资金周转受到影响而未按时支付工资，不属于无故拖欠。

◆ 拖欠劳动者工资是怎么回事?

无故拖欠工资是指用人单位无正当理由超过规定付薪时间未支付劳动者工资。但是，以下几种情况不属于无故拖欠工资:

(1)用人单位遇到非人力所能抗拒的自然灾害、战争等原因，无法按时支付工资。

(2)用人单位因生产经营困难、资金周转受到影响，在征得本单位工会同意后，可暂时延期支付劳动者工资，延期时间的最长限制可由省、自治区、直辖市劳动行政部门根据各地情况确定。

按照规定，用人单位无故拖欠劳动者工资的，由劳动保障行政部门责令支付劳动者的工资报酬，并加发相当于工资报酬25%的经济补偿金。并可责令用人单位按相当于支付劳动者工资报酬、经济补偿总和的1～5倍支付劳动者赔偿金。

◆ 用人单位拖欠工资怎么办?

在用人单位拖欠工资的情况下，农民工要先和用人单位协商，如果协商无法解决，则可以通过以下法律途径来解决:

（1）向当地劳动保障监察机构投诉举报。

（2）向当地劳动争议仲裁委员会申请仲裁，需要注意的是，要在劳动争议发生之日起 60 日内向劳动争议仲裁委员会提出书面申请。

（3）通过诉讼途径解决。这又分三种情况：一是针对劳动纠纷案件，经劳动仲裁后任何一方不服的，可以向法院提起诉讼；二是经仲裁后都服从，劳动仲裁裁决生效后，用人单位不执行的，农民工可申请法院强制执行；三是属于劳务欠款类的可直接向法院提起民事诉讼。

需要特别提醒的是，农民工在碰到拖欠工资等权益受到侵害的情况时，千万不能采取爬楼、堵路等过激行为和暴力等手段，一定要依靠法律途径来解决问题。否则，一时冲动不但于事无补，还有可能因触犯刑律被追究责任。

◆ 低于当地最低标准支付工资该如何补偿农民工？

根据《劳动法》第九十一条和劳动部《违反和解除劳动合同的经济补偿法》（劳部发［1994］481 号）的规定，用人单位支付劳动者的工资报酬低于当地最低工资标准的，要在补足低于标准部分的同时，另外支付相当于低于部分 25% 的经济补偿金，也可根据劳动部《违反〈中华人民共和国劳动法〉行政处罚办法》（劳部发［1994］532 号）的规定，由劳动行政部门责令用人单位支付劳动者低于标准部分的工资与经济补偿金总和 1 ~ 5 倍的赔偿金。

◆ 计算经济补偿金或生活补助费的工资标准如何确定？

计算经济补偿金或生活补助费的工资标准为企业正常生产情况下职工解除劳动关系前 12 个月的本人月平均工资，本人月平均工资低于本企业月平均工资的，按本企业月平均工资标准计发；月平均工资标准高于企业月平均工资 3 倍以上的，可按不高于企业月平均工资 3 倍标准计算。

企业生产经营不正常，本企业月平均工资无法确定的，其经济补偿金或生活补助费的计算标准可在省政府颁布的当地企业最低工资标准的100%～130%确定，具体标准由各市（地）政府（行署）制定。

计算经济补偿金或生活补助费的工资标准要与企业和个人原缴纳社会保险费的工资标准相衔接，若计算经济补偿金或生活补助费的工资标准高于缴费工资标准的，企业和个人必须补缴各项社会保险费，否则按缴费工资标准计算经济补偿金。

◆ 女职工在生育下岗待工期间工资应该如何支付？

根据劳部发［1995］309号第五十八条规定，女职工因生育、哺乳请长假而下岗的，在其享受法定产假期间，依法领取生育津贴；没有参加生育保险的，由企业照发原工资。

◆ 劳动者在医疗期间工资应该如何支付？

根据劳部发［1995］309号第五十九条规定，劳动者患病或非因工负伤治疗期间，在规定的医疗期内由企业按有关规定支付其病假工资或疾病救济费，病假工资或疾病救济费可以低于当地最低工资标准支付，但不能低于最低工资标准的80%。

◆ 非因劳动者原因造成停工停产如何支付工资？

根据劳动部《工资支付暂行规定》（劳部发［1994］489号）第十二条规定，应视停工停产原因、时间和劳动者是否提供了正常劳动来确定支付标准，即：非因劳动者原因造成单位停工、停产在一个工资支付周期内的，用人单位应按合同规定的标准支付劳动者工资。超过一个支付周期的，若劳动者提供了正常劳动，则支付给劳动者的劳动报酬不得低于当地最低工资标准；若劳动者没有提供正常劳动，应按国家有关规定办理。

◆ 与单位解除劳动关系后用人单位应支付工资到何时?

用人单位与农民工双方依法解除或终止劳动关系的，用人单位应当自劳动关系解除或终止之日起3日内一次付清农民工工资。农民工工资计发到劳动关系解除或终止之日。

◆ 劳动合同解除或终止时用人单位应在什么时候付清工资?

劳动合同解除或终止后，农民工和用人单位之间就不存在劳动关系了。用人单位应在解除或终止劳动合同时一次性付清农民工工资，如无法按时结清，农民工可要求用人单位出具书面欠款手续。

◆ 工资集体协商和工资协议是怎么回事?

劳动者代表与企业代表依法就企业内部工资分配制度、工资分配形式、工资收入水平等事宜进行平等协商，在双方代表协商一致的基础上签订工资协议的行为，称为工资集体协商。专门就工资事项签订的专项集体合同称之为工资协议。如果集体合同已经订立，工资协议可以作为集体合同的附件，并且与集体合同具有同等法律效力。对此，劳动和社会保障部2000年11月印发的《工资集体协商试行办法》对这些事宜作了规定。

◆ 工资协议依法订立后有什么法律效力?

依法订立的工资协议对企业和职工双方有同等的约束力。任何一方不可以擅自变更或者解除工资协议，双方必须认真履行工资协议规定的内容。劳动者个人与企业订立的劳动合同中的工资报酬，不得低于工资协议规定的最低标准。县级以上的劳动保障行政部门要依法审查工资协议，认真监督检查协议的履行情况。

◆ 工资集体协商一般包括哪些内容?

工资集体协商一般应该包括以下内容：

（1）工资协议的期限。

（2）工资分配制度、工资分配形式和工资标准。

（3）工资支付办法。

（4）奖金、津贴、补贴等的分配办法。

（5）职工的年度平均工资水平和工资调整幅度。

（6）变更、解除工资协议的程序。

（7）工资协议的违约责任和工资协议的终止条件。

（8）双方认为应当协商约定的其他事宜。

四、劳动安全

◆ **从事国家规定的技术工种必须持证上岗吗？**

是的。国家实行职业资格证书制度和就业准入制度，对从事技术复杂、通用性广、涉及到国家财产、人民生命安全和消费者利益的职业（工种），从业人员必须经过培训，并取得职业资格证书后才能上岗。

◆ **哪些工种需要职业资格证书才能上岗？**

《劳动法》、《职业教育法》、劳动和社会保障部《招用技术工种从业人员规定》规定，对从事技术复杂、通用性广、涉及到国家财产、人民生命安全和消费者利益的职业（工种）的劳动者，必须经过培训，并取得职业资格证书后，才可以就业上岗。目前，必须持有职业资格证书才能上岗的技术工种（职业）有 87 个，包括：

（1）生产、运输设备操作人员。具体是：车工、铣工、磨工、组合机床操作工、加工中心操作工、铸造工、锻造工、焊工、金属热处理工、冷作钣金工、涂装工、装配钳工、工具钳工、锅炉设备装配工、电机装配工、高低压电器装配工、电子仪器仪表装配工、电工仪器仪表装配工、机修钳工、汽车修理工、摩托车维修工、精密仪器仪表修理工、锅炉设备安装工、变电设备安装工、维修电工、计算机维修工、手工木工、精细木工、音响调音员、贵金属首饰手工制作工、土石方机械操作工、砌筑工、混凝土工、钢筋工、架子工、防水工、装饰装修工、电气设备安装工、管工、汽车驾驶员、起重装卸机械操作工、化学检验工、食品检验工、纺织纤维检验工、贵金属首饰钻石宝玉石检验员、防腐蚀工。

（2）农、林、牧、渔、水利业生产人员。具体是：动物疫病防治员、动物检疫检验员、沼气生产工。

（3）商业、服务业人员。具体是：营业员、推销员、出版物发行员、中药购销员、鉴定估价师、医药商品购销员、中药调剂员、冷藏工、中式烹调师、中式面点师、西式烹调师、西式面点师、调酒师、营养配餐员、前厅服务员、客房服务员、保健按摩师、职业指导员、物业管理员、锅炉操作工、美容师、美发师、摄影师、眼镜验光员、眼镜定配工、家用电子产品维修工、家用电器产品维修工、照相器材维修工、钟表维修工、办公设备维修工、养老护理员。

（4）办事人员和有关人员。具体是：秘书、公关员、计算机操作员、制图员、话务员、用户通信终端维修员。

◆ 工作过程中应该注意哪些劳动安全事项？

在生产劳动中，尤其是在建筑、煤矿等高危行业，许多农民工整天接触的是钢筋、水泥、石块，或高空作业，或机器相伴，稍有不慎身体就会受到伤害。因此，在工作过程中劳动安全是第一位的，千万不能抱有侥幸心理。一定要了解所在的作业场所或工作岗位存在哪些危险，可能发生哪些伤害，以及如何防范和施救。要自觉接受企业的安全生产教育和培训，努力学习劳动安全卫生知识；遵守各种安全制度和操作规范，不违章作业，不冒险蛮干；正确使用生产设备、防护设施和防护用品；对违章指挥和强令冒险作业，农民工有权拒绝；发现危急征兆要主动采取措施，特别像火灾、触电、有毒有害气体泄漏等事故发生时，要在第一时间撤离现场并立即向领导报告。

◆ **我们农民工享受工伤待遇吗？**

只要有劳动关系存在，发生工伤就应该享受工伤保险待遇，包括与用人单位存在劳动关系的各种用工形式，各种用工期限的劳动者，即使是临时工也享受工伤待遇。

◆ **我们农民工与城镇职工享受的伤残待遇一样吗？**

一样。按照工伤规定，工伤职工享受的伤残待遇是一致的，并不因为身份不同而有区别。

◆ **违反操作规程造成的工伤可以获得工伤补偿吗？**

工伤保险实行“无责任补偿”原则，在补偿工伤职工时，不追究受害人责任，无论职工在事故中有没有责任，都应依法得到补偿。当然，实行无责任补偿，并不是不追究工伤事故的责任，这是另一个范畴的工作和职责。另外，《条例》规定对故意自残、自杀或犯罪、醉酒导致的伤亡，是不予认定工伤的，同时也是得不到补偿的。

◆ **哪些情况属于工伤？**

根据《工伤保险条例》的规定，应当认定劳动者为工伤的情形有下列几种：

（1）在工作时间和工作场所内，因工作原因受到事故伤害的。

（2）工作时间前后在工作场所内，从事与工作有关的预备性或者收尾性工作受到事故伤害的。

（3）在工作时间和工作场所内，因履行工作职责受到暴力等意外伤害的。

（4）患职业病的。

（5）因工外出期间，由于工作原因受到伤害或者发生事故下落不明的。

（6）在上下班途中，受到机动车事故伤害的。

（7）法律、行政法规规定应当认定为工伤的其他情形。

《工伤保险条例》第十五条规定，职工有下列情形之一的，视同工伤：

（1）在工作时间和工作岗位，突发疾病死亡或者在48小时之内经抢救无效死亡的。

（2）在抢险救灾等维护国家利益、公共利益活动中受到伤害的。

（3）职工原在军队服役，因战、因公负伤致残，已取得革命伤残军人证，到用人单位后旧伤复发的。

但是下列情形不得认定为工伤或者视同工伤：

（1）因犯罪或者违反治安管理伤亡的。

（2）醉酒导致伤亡的。

（3）自残或者自杀的。

◆ 工伤保险行业差别费率共分为几个类别？

工伤保险缴费比例根据不同行业的风险程度实行差别费率，具体分类及缴纳费率情况如下：

（1）第一类：冶炼、采掘、化学原料及化学品，装卸搬运业，生产、储运易燃、易爆、剧毒、放射性物品等，按1.5%缴纳。

（2）第二类：航空、铁路、电力、水上运输、汽车运输业、建筑安装业、轧制、压延加工等，按1.2%缴纳。

（3）第三类：机械设备、仪器仪表制造业、建材加工业、橡胶塑料制品业、木材加工业、化学纤维制造业、玻璃搪瓷器皿制造业、船舶修造业、自来水生产业、仓储业、地质勘察等，按1.0%缴纳。

（4）第四类：一般机械加工业、造纸及纸制品加工业、农林牧渔业、电子、仪器仪表操作修理业、印刷业、医药、日用化工制造业、家具制造业、粮食及其副产品加工业等，按 0.8%缴纳。

（5）第五类：文教体育用品制造业、纺织业、皮革制品业、餐饮业、邮电业、水利治理业、科学、气象、测绘、工程设计业等，按 0.5%缴纳。

（6）第六类：商业、贸易、金融、保险、文化、教育、服务等，按 0.3%缴纳。

◆ 什么是工伤职工伤残待遇？

工伤职工伤残待遇是指企业职工因工负伤或患职业病治疗伤情相对稳定后经劳动鉴定委员会评残，按本人的伤残等级而享受的有关待遇的统称。

工伤职工伤残待遇主要包括：①一次性伤残补助金；②按月支付的伤残津贴；③生活护理费；④一次性工伤医疗补助金和伤残就业补助金。

◆ 因工致残被鉴定为一级至四级的享受什么工伤待遇？

《工伤保险条例》规定，职工因工致残被鉴定为一级至四级伤残的，保留劳动关系，退出工作岗位，享受以下待遇：

（1）从工伤保险基金按伤残等级支付一次性伤残补助金，标准为：一级伤残为 24 个月的本人工资；二级伤残为 22 个月的本人工资；三级伤残为 20 个月的本人工资；四级伤残为 18 个月的本人工资。

（2）从工伤保险基金按月支付伤残津贴，标准为：一级伤残为本人工资的 90%；二级伤残为本人工资的 85%；三级伤残为本人工资的 80%；四级伤残为本人工资的 75%。伤残津贴实际金额低于当地最低工资标准的，由工伤保险基金补足差额。

（3）工伤职工达到退休年龄并办理退休手续后，停发伤残津贴，享受基本养老保险待遇。基本养老保险待遇低于伤残津贴的，由工伤保险基金补足差额。

职工因工致残被鉴定为一级至四级伤残的，由用人单位和职工个人以伤残津贴为基数，缴纳基本医疗保险费。

劳动和社会保障部《关于农民工参加工伤保险有关问题的通知》（劳社部发［2004］18号）规定，对跨省流动的农民工，即户籍不在参加工伤保险统筹地区（生产经营地）所在省（自治区、直辖市）的农民工，一级至四级伤残长期待遇的支付，可实行一次性支付和长期支付两种方式，供农民工选择。在农民工选择一次性或长期支付方式时，支付其工伤保险待遇的社会保险经办机构应向其说明情况。一次性享受工伤保险长期待遇的，需由农民工本人提出，与用人单位解除或者终止劳动关系，与统筹地区社会保险经办机构签订协议，终止工伤保险关系。一至四级伤残农民工一次性享受工伤保险长期待遇的具体办法和标准由省（自治区、直辖市）劳动保障行政部门制定，报省（自治区、直辖市）人民政府批准。

◆ 因工致残被鉴定为五级、六级的享受哪些工伤待遇？

《工伤保险条例》规定，职工因工致残被鉴定为五级、六级伤残的，享受以下待遇：

（1）从工伤保险基金按伤残等级支付一次性伤残补助金，标准为：五级伤残为16个月的本人工资，六级伤残为14个月的本人工资。

（2）保留与用人单位的劳动关系，由用人单位安排适当工作。难以安排工作的，由用人单位按月发给伤残津贴，标准为：五级伤残为本人工资的70%，六级伤残为本人工资的60%，并由用人单位按照规定为其缴纳应缴纳的各项社会保险费。伤残津贴实际金额低于当地最低工资标准的，由用人单位补足差额。

经工伤职工本人提出，该职工可以与用人单位解除或者终止劳动关系，由用人单位支付一次性工伤医疗补助金和伤残就业补助金。具体标准由省、自治区、直辖市人民政府制定。

◆ 因工致残被鉴定为七级至十级的享受什么工伤待遇?

《工伤保险条例》规定，职工因工致残被鉴定为七级至十级伤残的，享受以下待遇:

（1）从工伤保险基金按伤残等级支付一次性伤残补助金，标准为:七级伤残为12个月的本人工资，八级伤残为10个月的本人工资，九级伤残为8个月的本人工资，十级伤残为6个月的本人工资。

（2）劳动合同期满终止，或者职工本人提出解除劳动合同的，由用人单位支付一次性工伤医疗补助金和伤残就业补助金。具体办法由省、自治区、直辖市人民政府制定。

◆ 工伤医疗待遇包括哪些内容?

工伤医疗待遇是指职工治疗工伤按规定报销医疗费用和有关补助待遇。工伤医疗待遇主要包括:①工伤职工治疗工伤或职业病所需的挂号费、住院费、医疗费、药费、就医路费全额报销；②工伤职工需要住院治疗的，按照当地因公出差伙食补助标准的70%发给住院伙食补助费；经批准转外地治疗的所需交通、食宿费用按照本企业职工因公出差标准报销；③工伤医疗期满后仍需治疗的，或者评残后旧伤复发的，继续享受工伤医疗待遇；④生活不能自理的工伤职工在停工留薪期需要护理的，由所在单位负责。

◆ 因工负伤、患职业病依法享受哪些工伤医疗待遇?

《工伤保险条例》规定，职工因工作遭受事故伤害或者患职业病进行治疗，享受工伤医疗待遇。职工治疗工伤应当在签订服务协议的医疗机构就医，情况紧急时可以先到就近的医疗机构急救。治疗工伤所需费用符合工伤保险诊疗项目目录、工伤保险药品目录、工伤保险住院服务标准的，从工伤保险基金支付。职工住院治疗工伤的，由所在单位按照本单位因公出差伙食补助标准的70%发给住院伙食补助费；经医疗机构出具证明，报经办机构同意，工伤职工到统筹地区以外就医的，所需交通、食宿费用由所在单位按照本单位职工因公出差标准报销。工伤职工到签订服务协议的医疗机构进行康复性治疗的费用，符合规定的，从工伤保险基金支付。工伤职工治疗非工伤引发的疾病，不享受工伤医疗待遇，按照基本医疗保险办法处理。

◆ 什么是一次性伤残补助金？

一次性伤残补助金是国家工伤保险机构为因工伤致残被鉴定为一级至十级的企业职工，为补偿其受伤时的工资收入损失，按工资的一定比例一次性发放的补偿金。

◆ 工伤期间的护理费谁来支付？

生活护理费是指工伤职工经评残并经劳动能力鉴定委员会确认需要生活护理的，由工伤保险经办机构从工伤保险基金中按月支付生活护理补助的费用。《工伤保险条例》规定，生活护理费按照生活完全不能自理、生活大部分不能自理或者生活部分不能自理 3 个不同等级支付，其标准分别为统筹地区上年度职工月平均工资的 50%、40% 和 30%。

◆ 什么是工伤医疗补助金？

工伤医疗补助金是对于用工致残被鉴定为五级、六级的工伤职工自愿与企业解除劳动合同的，以及因工致残被鉴定为七级至十级的工伤职工在劳动合同期满或职工本人提出解除劳动合同的，由用人单位向工伤职工支付用于工伤治疗的一次性补助金，使工伤职工在离开原单位后工伤病情发生变化需要治疗时能够有一定的医疗保障，具体标准由省、自治区、直辖市劳动行政部门根据当地实际情况确定。

◆ 什么是伤残就业补助金？

伤残就业补助金是对于因工致残被鉴定为五级、六级的工伤职工自愿与企业解除劳动合同的，以及因工致残被鉴定为七级至十级的工伤职工在劳动合同期满或者职工本人提出解除劳动合同的，用人单位为帮助工伤职工再次就业一次性发给的补助金，以弥补工伤职工在今后的求职就业中与非工伤人员相比存在一定困难而给本人造成的损失。

◆ 发生工伤后如何申请认定？

职工发生事故伤害或者按照职业病防治法规定被诊断、鉴定为职业病的，所在单位应当自事故伤害发生之日或者被诊断鉴定为职工病之日起 30 日内，向统筹地区劳动保障行政部门提出工伤认定申请。

用人单位未按前款规定提出工伤认定申请的，工伤职工或者其直系亲属、工会组织在事故伤害发生之日或者被诊断鉴定为职业病之日起 1 年内，可直接向用人单位所在地统筹地区劳动保障行政部门提出工伤认定申请。

◆ 工伤认定申请应该提供哪些材料？

①工伤认定申请表。包括事故发生的时间、地点、原因以及职工伤害程度等基本情况；②与用人单位存在劳动关系。包括事实劳动关系的证明材料；③医疗诊断证明或者职业病诊断证明书或者职业病诊断鉴定书。工伤认定申请人提供材料不完整的，劳动保障行政部门应当一次性书面告知工伤认定申请人需要补正的全部材料。申请人按照书面告知要求补正材料后，劳动保障行政部门应当受理。

劳动保障行政部门应当自受理工伤认定申请之日起 60 日内做出工伤认定的决定，并书面通知申请工伤认定的职工或者其直系亲属和所在单位。

◆ 农民工参加工伤保险需要个人缴费吗？

不需要。《工伤保险条例》第十条规定，工伤保险费“由用人单位缴纳，职工个人不缴纳”，是指工伤保险费全部由用人单位缴纳，职工本人不承担缴费义务。它体现了工伤保险遵循的雇主责任原则。

◆ 发生工伤时可以享受哪些工伤保险待遇？

农民工享受工伤保险待遇，一般需要经过工伤认定、劳动能力鉴定和工伤评残、工伤保险金发放等几个程序。工伤保险待遇主要包括：

（1）劳动者因工作遭受事故伤害或者患职业病进行治疗，享受工伤医疗待遇。

（2）劳动者因工作遭受事故伤害或者患职业病需要暂停工作接受工伤医疗的，在停工留薪期内，原工资福利待遇不变，由所在单位按月支付。

（3）工伤职工已经评定伤残等级并经劳动能力鉴定委员会确认需要生活护理的，从工伤保险基金按月支付生活护理费。

（4）劳动者因工致残被鉴定为一级至四级伤残的，保留劳动关系，退出工作岗位，从工伤保险基金按伤残等级支付一次性伤残补助金，并按月支付伤残津贴；工伤职工达到退休年龄并办理退休手续后，停发伤残津贴，享受基本养老保险待遇。

（5）劳动者因工致残被鉴定为五级、六级伤残的，从工伤保险基金按伤残等级支付一次性伤残补助金；保留与用人单位的劳动关系，由用人单位安排适当工作。难以安排工作的，由用人单位按月发给伤残津贴；经工伤职工本人提出，该职工可以与用人单位解除或者终止劳动关系，由用人单位支付一次性工伤医疗补助金和伤残就业补助金。

（6）劳动者因工致残被鉴定为七级至十级伤残的，从工伤保险基金按伤残等级支付一次性伤残补助金；劳动合同期满终止，或者职工本人提出解除劳动合同的，由用人单位支付一次性工伤医疗补助金和伤残就业补助金。

（7）劳动者因工死亡，其直系亲属可以按照有关规定从工伤保险基金领取丧葬补助金、供养亲属抚恤金和一次性工亡补助金。

◆ 用人单位未参加工伤保险怎样认定工伤?

根据《工伤保险条例》有关规定，用人单位未参加工伤保险，职工发生工伤的，只要其所在的单位属于《工伤保险条例》适用范围的，其职工都可以按照《工伤保险条例》的规定申请工伤认定，劳动保障行政部门应依法受理。

◆ 申请工伤有时间限制吗?

根据《工伤保险条例》的规定，职工发生事故伤害或者按照职业病防治法的规定被诊断、鉴定为职业病的，所在单位应当自事故伤害发生之日或被诊断、鉴定为职业病之日起 30 日内，向统筹地区劳动保障行政部门提出工伤认定申请。遇有特殊情况，经报劳动保障行政部门同意，申报时限可以适当延长。工伤职工或者其直系亲属、工会组织在事故伤害发生之日或者被诊断、鉴定为职业病之日起 1 年内，可以直接向用人单位所在统筹地区劳动保障行政部门提出工伤认定申请。

◆ 哪些情形不予受理工伤认定申请?

关于不予受理的工伤认定申请的情形，《工伤保险条例》及国家相关政策没有做出专门规定，但是，从法律规定受理的情形可以归纳出不予受理的有以下几种情形：一是申请人提供的材料不完整，包括告知需补正的材料后未在受理时效内提交完整材料的；二是不属于某一劳动保障部门的管辖范围的，对于这种情形，应告知申请人向有管辖权的劳动保障部门提出申请；三是超过申请时效的。

◆ 对不予受理决定不服该怎么办?

《工伤认定办法》第十九条规定，职工或者其直系亲属、用人单位对不予受理决定不服的，可以依法申请行政复议或者提起行政诉讼。根据《行政复议法》和《行政诉讼法》的规定，公民、法人或者其他组织对申请行政机关履行保护人身权、财产权的法定职责，行政机关拒绝履行或者不予答复的具体行政行为不服而产生的行政争议，可以依法申请行政复议和行政诉讼。因此，职工或者其直系亲属、用人单位对不予受理决定不服的，可以先申请行政复议，对复议决定不服的再提起行政诉讼，也可以直接提起行政诉讼。

◆ 什么是劳动能力鉴定？

劳动能力鉴定，是指劳动能力鉴定委员会根据职工本人或者其亲属的申请，组织劳动能力鉴定医学专家，根据国家制定的评残标准，以及工伤保险方面的有关政策，运用医学科学技术的方法和手段，确定劳动者劳动功能障碍程度和生活自理障碍程度的一种综合评定制度。也就是说，通过劳动能力鉴定确定劳动者伤残程度的级别。

◆ 具备什么条件可以进行劳动能力鉴定？

根据《工伤保险条例》第二十一条的有关规定，工伤职工进行劳动能力鉴定应当同时具备以下条件：①经过治疗后，伤情处于相对稳定状态；②虽经治疗，但还是造成职工残疾；③工伤职工存在的残疾达到了影响劳动能力的程度。工伤职工具备上述三项条件的，应当进行劳动能力鉴定。

◆ 怎样申请劳动能力鉴定？

劳动能力鉴定是给予工伤保险待遇的基础和前提条件。职工发生工伤，经治疗伤情相对稳定后存在残疾、影响劳动能力的，应当进行劳动能力鉴定。通过劳动能力鉴定，能够准确评定职工伤残、病残程度，既有利于保障职工的合法权益，也为正确处理与此有关的争议提供了客观依据。

根据《工伤保险条例》的规定，劳动能力鉴定由用人单位、工伤职工或者其直系亲属向设区的市级劳动能力鉴定委员会提出申请，并提供工伤认定决定和职工工伤医疗的有关资料。设区的市级劳动能力鉴定委员会应当自收到劳动能力鉴定申请之日起60日内做出劳动能力鉴定结论，并及时送达申请鉴定的单位和个人。申请鉴定的单位或者个人对该鉴定结论不服的，可以在收到鉴定结论之日起15日内向省、自治区、直辖市劳动能力鉴定委员会提出再次鉴定申请。省、自治区、直辖市劳动能力鉴定委员会做出的劳动能力鉴定结论为最终结论。

◆ 申请劳动能力鉴定应该提交哪些材料？

根据《工伤保险条例》第二十三条的规定，申请劳动能力鉴定应该提交工伤认定决定和职工工伤医疗的有关材料。工伤认定决定是由劳动保障部门根据工伤保险法规、政策的规定，结合职工受到伤害的事实，确定职工所受的伤害是否属于工伤的书面决定。职工工伤医疗的有关资料是指职工受到事故伤害或者患职业病，在医疗机构进行治疗过程中，由医疗机构记载的有关负伤职工的病情、病志、治疗情况等资料。

◆ 发生工伤后谁有权申请劳动能力鉴定？

根据《工伤保险条例》第二十三条的规定，用人单位、工伤职工以及工伤职工的直系亲属都有权提出劳动能力鉴定申请。

◆ 经劳动能力鉴定后伤残情况发生变化该怎么办？

根据《工伤保险条例》第二十八条的规定，劳动能力鉴定结论做出之日起1年后，工伤职工或其直系亲属、其所在单位或者经办机构认为残情发生变化的，可以申请劳动能力复查鉴定。

◆ 治疗工伤或职业病如何就医？

根据《工伤保险条例》第二十九条的规定，职工治疗工伤，应当到与社会保险经办机构签订服务协议的医疗机构就医，情况紧急时可以先到就近的医疗机构急救，但病情平稳后应及时转入协议医疗机构。另外，工伤职工因伤情需要或经治的协议医疗机构技术条件所限，需跨统筹地区转入其他协议医疗机构治疗的，应由经治的协议医疗机构提出意见，并经经办机构同意。工伤职工跨统筹地区就医所发生的费用，可先由其所在单位垫付，经社会保险经办机构审核后，按本统筹地区有关规定结算。

◆ 一般情况下遇到工伤应该怎么办？

如果在工作过程中遇到事故伤害，应当马上到签订服务协议的医疗机构就医，情况紧急时可以先到就近的医疗机构急救。同时，及时向当地劳动保障行政部门申请工伤认定。如果自己长期在煤矿、采石场或有毒有害等场所工作，发现自己身体不适，一定要到当地卫生行政部门所属的职业病防治所进行诊断，确认为职业病后，再到劳动保障行政部门申请工伤认定。工伤职工如果对劳动保障部门工伤认定结论不服（如不认定为工伤），还可以在收到工伤认定书60日内提起行政复议；对复议决定不服的，还可以在15日内向当地人民法院提起行政诉讼。

被认定为工伤后，应拿着工伤认定书到当地劳动能力鉴定委员会申请伤残等级鉴定。拿到工伤认定书和伤残等级鉴定书之后，就可以到用人单位或劳动保障部门的工伤保险经办机构领取工伤保险待遇。

◆ 因工伤残后回家休养享受什么待遇？

劳动和社会保障部《关于农民工参加工伤保险有关问题的通知》中规定，对跨省流动的农民工，即户籍不在参加工伤保险统筹地区（生产经营地）所在省、自治区、直辖市的农民工，一至四级伤残长期待遇的支付，可实行一次性支付和长期支付两种方式，供农民工选择。在农民工选择一次性或长期支付方式时，支付其工伤保险待遇的社会保险经办机构应向其说明情况。一次性享受工伤保险长期待遇的，需由农民工本人提出，与用人单位解除或者终止劳动关系，与统筹地区社会保险经办机构签订协议，终止工伤保险关系。一至四级伤残农民工一次性享受工伤保险长期待遇的具体办法和标准由各省、自治区、直辖市劳动保障行政部门制定，报省、自治区、直辖市人民政府批准。

五至十级的伤残者，经工伤职工本人提出，可以和用人单位解除或者终止劳动关系，由用人单位支付一次性工伤医疗补助金和伤残就业补助金。具体标准由各省、自治区、直辖市人民政府规定。

◆ 工伤复发需要治疗的可享受哪些待遇？

根据《工伤保险条例》第三十六条的规定，工伤职工工伤复发，确认需要治疗的，可以享受本条例第二十九条、第三十条和第三十一条规定的工伤待遇。即经过诊断治疗的，可以按照第二十九条的规定享受工伤医疗待遇；需要暂停工作接受工伤医疗的，享受停工留薪期待遇；需要配置辅助器具的，可以按照规定配置，所需费用按照国家规定标准从工伤保险基金支付。

◆ 没有办理工伤保险的情况下发生工伤怎么办？

根据《工伤保险条例》第六十条规定，用人单位依照本条例规定应当参加工伤保险而未参加的，由劳动保障行政部门责令改正；未参加工伤保险期间用人单位职工发生工伤的，由该用人单位按照本条例规定的工伤保险待遇项目和标准支付费用。

◆ 工伤期间用人单位可以减少农民工的工资福利吗？

不可以。停工留薪期是指职工因工负伤、患职业病需要接受工伤医疗而暂停工作，由用人单位继续发给原工资福利待遇的一段期间。停工留薪期一般不超过 12 个月，伤情严重或者情况特殊的，经劳动能力鉴定委员会确认，可以适当延长，但延长不得超过 12 个月。在停工留薪期内，原工资福利待遇不变，由所在单位按月支付。工伤职工评定伤残等级后，停发原待遇，按照《工伤保险条例》的有关规定享受伤残待遇。工伤职工在停工留薪期满后仍需治疗的，工伤医疗待遇继续享受。生活不能自理的工伤职工在停工留薪期需要护理的，由所在单位负责。

◆ 在非法用工单位打工发生工伤怎么办?

非法用工单位伤亡人员，是指在无营业执照或者未经依法登记备案的单位，以及被依法吊销营业执照或者撤销登记备案的单位，受到事故伤害或者患职业病的职工，以及用人单位使用童工造成童工伤残、死亡的。

根据《工伤保险条例》、国务院《关于解决农民工问题的若干意见》和劳动和社会保障部《非法用工单位伤亡人员一次性赔偿办法》的规定，无营业执照或者未经依法登记、备案的单位以及被依法吊销营业执照或者撤销登记、备案的单位或未参加工伤保险的农民工，受到事故伤害或者患职业病的，由该单位向伤残农民工或者死亡农民工的直系亲属给予一次性赔偿。

一次性赔偿包括受到事故伤害或患职业病的农民工和童工在治疗期间的费用和一次性赔偿金。农民工或童工受到事故伤害或患职业病，在劳动能力鉴定之前进行治疗期间的生活费、医疗费、护理费、住院期间的伙食补助费及所需的交通费等费用，按照《工伤保险条例》规定的标准和范围，全部由伤残职工或童工所在单位支付。一次性赔偿金数额应当在受到事故伤害或患职业病的农民工或童工死亡或者经劳动能力鉴定后确定。劳动能力鉴定按属地原则由单位所在地设区的市级劳动能力鉴定委员会办理，劳动能力鉴定费用由伤亡农民工或者童工所在单位支付。

◆ 打工发生工伤后一次性赔偿金标准是怎样的?

一次性赔偿金按以下标准支付：一级伤残的为赔偿基数的 16 倍，二级伤残的为赔偿基数的 14 倍，三级伤残的为赔偿基数的 12 倍，四级伤残的为赔偿基数的10倍，五级伤残的为赔偿基数的8倍，六级伤残的为赔偿基数的6倍，七级伤残的为赔偿基数的4倍，八级伤残的为赔偿基数的3倍，九级伤残的为赔偿基数的2倍，十级伤残的为赔偿基数的1倍；死亡的为赔偿基数的10倍。其中，赔偿基数是指单位所在地工伤保险统筹地区上年度职工年平均工资。

◆ 不幸因工死亡后哪些亲属可以享受抚恤待遇？

供养亲属是因工死亡职工供养的配偶、子女、父母、祖父母、外祖父母、孙子女、外孙子女、兄弟姐妹。所称子女，包括婚生子女、非婚生子女、养子女和有抚养关系的继子女，其中，婚生子女、非婚生子女包括遗腹子女。所称父母，包括生父母、养父母和有抚养关系的继父母。所称兄弟姐妹包括同父母的兄弟姐妹、同父异母或者同母异父的兄弟姐妹、养兄弟姐妹、有抚养关系的继兄弟姐妹。因工死亡职工供养亲属享受抚恤金待遇的资格，由统筹地区社会保险经办机构核定。因工死亡职工供养亲属的劳动能力鉴定，由因工死亡职工生前单位所在地的市级劳动鉴定委员会负责。

因工死亡职工供养亲属范围内的人员，以依靠因其生前提供主要生活来源，并有下列情形之一的，可按规定申请供养亲属抚恤金：

（1）完全丧失劳动能力的。

（2）因工死亡职工配偶男年满60周岁、女年满55周岁的。

（3）因工死亡职工父母男年满60周岁、女年满55周岁的。

（4）因工死亡职工子女未满18周岁的。

（5）因工死亡职工父母均已死亡，其祖父、外祖父年满60周岁，祖母、外祖母年满55周岁的。

（6）因工死亡职工子女已经死亡或者完全丧失劳动能力，其孙子女、外孙子女未满18周岁的。

（7）因工死亡职工父母均已死亡或完全丧失劳动能力，其兄弟姐妹未满18周岁的。

◆ 不幸因工死亡后直系亲属可以享受什么抚恤待遇?

《工伤保险条例》规定，职工因工死亡，其直系亲属按照下列规定从工伤保险基金领取丧葬补助金、供养亲属抚恤金和一次性工亡补助金：

（1）丧葬补助金为6个月的统筹地区上年度职工月平均工资。

（2）供养亲属抚恤金按照职工本人工资的一定比例发给由因工死亡职工生前提供主要生活来源、无劳动能力的亲属。标准为：配偶每月40%，其他亲属每人每月30%，孤寡老人或者孤儿每人每月在上述标准的基础上增加10%。核定的各供养亲属的抚恤金之和不应高于因工死亡职工生前的工资。

（3）一次性工亡补助金标准为48个月至60个月的统筹地区上年度职工月平均工资。

◆ 在承包经营情况下怎样保护职工的工伤保险权利?

《工伤保险条例》第四十一条第二项规定：用人单位实行承包经营的，工伤保险责任由职工劳动关系所在的单位承担。承包者可以是企业内部职工（俗称内包），也可以是外部个人、经营集团或企业法人（俗称外包）。在本企业内部职工承包的情况下，职工的劳动关系在本企业是清楚的，对职工的工伤保险责任应由本企业来承担；在外部承包的情况下，职工的劳动关系有可能不在本企业而在中标的经营集团或企业法人。那么，对职工的工伤保险责任就由中标的经营集团或企业法人承担，因而在确定工伤保险责任时，明确劳动关系、明确用人单位是非常重要的。

◆ 哪些职业容易患职业病?

职业病是指劳动者在工作中，因为接触粉尘、放射性物质和其他有毒有害物质等因素而引起的疾病。产生职业病的危害因素包括：各种有害的化学、物理、生物因素以及在工作过程中产生的其他有害因素。

职业病包括 10 大类，分别是：

（1）职业中毒（铅、汞中毒等 56 种）。

（2）尘肺（矽肺、煤尘肺等 13 种）。

（3）职业性放射性疾病（放射性皮肤病、肿瘤等 11 种）。

（4）物理因素职业病（放射性疾病、高原病、航空病等 5 种）。

（5）生物因素所致职业病（炭疽等 3 种）。

（6）职业性皮肤病（接触性皮炎等 8 种）。

（7）职业性眼病（职业性白内障等 3 种）。

（8）职业性耳、鼻、喉病 3 种（噪声聋和铬鼻病）。

（9）职业性肿瘤（石棉所致肺瘤、联苯胺所致膀胱癌、苯所致白血病等 8 种）。

（10）其他职业病（职业性哮喘等 5 种）。

最容易发生职业病的就业者有煤矿工人、建筑工人、纺织工人、炼钢工人等。矿山、石场、纺织厂、化工厂、农药厂、制革厂等通常是最容易诱发职业病的地方。各种尘肺病则是最主要的职业病，70% 以上的职业病与此有关。

◆ 应该到哪种医疗卫生机构进行职业病诊断？

职业病诊断是由依法取得职业病诊断资质的医疗卫生机构依据《职业病防治法》和有关职业病诊断法规、规章、标准，对劳动者在职业活动中，因接触粉尘、放射性物质和其他有

毒有害物质等因素而引起的疾病所进行的诊断活动。根据《职业病防治法》的有关规定，职工可以选择在用人单位所在地或者本人居住地的、经省级以上人民政府卫生行政部门批准的具有职业病诊断资格的医疗卫生

机构进行职业病诊断。

◆ 得了职业病应该怎么办?

（1）劳动者因工患职业病，用人单位应该按照国家和地方政府的规定进行工伤事故报告，或者经职业病诊断机构确诊进行职业病报告。

（2）用人单位和劳动者按规定向当地劳动行政部门申请工伤认定。

（3）劳动行政部门确认报告后，会督促用人单位或相关保险机构给予劳动者相关赔偿。

（4）如果劳动者发现用人单位瞒报、漏报职业病，就可以向劳动行政部门报告，请求帮助。在某些情况下，也可以请律师，上法院起诉用人单位。

（5）如果劳动者对赔偿结果不满意，也可以依法提起诉讼。

◆ 《劳动法》规定用人单位对安全生产应该承担什么责任?

为了切实维护劳动安全，最大限度地减少安全事故和职业病的发生，国家严格规定了用人单位和劳动者在安全生产方面的责任。在用人单位的责任方面，《劳动法》规定：

（1）对用人单位必须建立健全劳动安全卫生制度，严格执行国家劳动安全卫生规程和标准，对劳动者进行劳动安全卫生教育，防止劳动过程中的事故，减少职业病危害。

（2）劳动安全卫生设施必须符合国家规定的标准。新建、改建、扩建工程的劳动安全卫生设施，必须与主体工程同时设计、同时施工、同时投入生产和使用。

（3）用人单位必须为劳动者提供符合国家规定的劳动安全卫生条件和必要的劳动防护用品，对从事有职业病危害作业的劳动者，应当定期进行健康检查。

◆《安全生产法》规定用人单位对安全生产应承担什么责任?

《安全生产法》对用人单位的职责做出了更加具体的规定。按该法规定，生产经营单位至少在以下几个方面承担责任：

（1）对从业人员进行安全生产教育和培训，保证从业人员具备必要的安全生产知识，熟悉有关的安全生产规章制度和安全操作规程，掌握本岗位的安全操作技能。未经安全生产教育和培训合格的从业人员，不得上岗作业。

（2）采用新工艺、新技术、新材料或者使用新设备，必须了解、掌握其安全技术特性，采取有效的安全防护措施，并对从业人员进行专门的安全生产教育和培训。

（3）生产经营单位的特种作业人员，必须按照国家有关规定，经过专门的安全作业培训，取得特种作业操作资格证书，方可上岗作业。特种作业人员的范围，由国务院负责安全生产监督管理的部门会同国务院有关部门确定。

（4）在有较大危险因素的生产经营场所和有关设施、设备上，设置明显的安全警示标志。

（5）对重大危险源应当登记建档，进行定期检测、评估、监控，并制定应急预案，告知从业人员和相关人员在紧急情况下应当采取的应急措施。

（6）生产、经营、储存、使用危险物品的车间、商店、仓库不得与员工宿舍处在同一座建筑物内，并应当与员工宿舍保持安全距离。生产经营场所和员工宿舍应当设有符合紧急疏散要求的标志明显、保持畅通的出口。禁止封闭、堵塞生产经营场所或者员工宿舍的出口。

（7）教育和督促从业人员严格执行本单位的安全生产规章制度和安全操作规程；并向从业人员如实告知作业场所和工作岗位存在的危险因素、

防范措施以及事故应急措施。

（8）必须为从业人员提供符合国家标准或者行业标准的劳动防护用品，并监督、教育从业人员按照使用规则佩戴使用。

◆ 用人单位对防治职业病有什么义务？

国家有关法规规定：从事使用有毒物品作业的用人单位应当使用符合国家标准的有毒物品，不得在作业场所使用国家明令禁止使用的有毒物品或者使用不符合国家标准的有毒物品。用人单位应当尽可能使用无毒物品；需要使用有毒物品的，应当优先选择使用低毒物品。用人单位应当采取有效的防护措施，预防职业中毒事故的发生，依法参加工伤保险，保障劳动者的生命安全和身体健康。用人单位不得安排未成年人和孕期、哺乳期的女职工从事使用有毒物品的作业。

用人单位除应当符合职业病防治法规定的职业卫生要求外，还必须符合下列要求：①作业场所与生活场所分开，作业场所不得住人；②有害作业与无害作业分开，高毒作业场所与其他作业场所隔离；③设置有效的通风装置，可能突然泄漏大量有毒物品或者易造成急性中毒的作业场所，设置自动报警装置和事故通风设施；④高毒作业场所设置应急撤离通道和必要的泄险区。

另外，使用有毒物品作业的场所，应当设置黄色区域警示线、警示标识和中文警示说明。警示说明应当载明产生职业中毒危害的种类、后果、预防以及应急救治措施等内容。高毒作业场所应当设置红色区域警示线、警示标识和中文警示说明，并设置通讯报警设备。

◆ 得了职业病可以享受国家规定的哪些待遇？

用人单位应当按照国家有关规定，安排职业病病人进行治疗、康复和定期检查。用人单位对不适宜继续从事原工作的职业病病人，应当调离原岗位，并妥善安置。用人单位对从事接触职业病危害的作业劳动者，应当给予适当岗位津贴。

用人单位按照国家规定参加工伤保险的，患职业病的劳动者有权按照国家有关工伤保险的规定，享受下列工伤保险待遇：

（1）医疗费：因患职业病进行诊疗所需费用，由工伤保险基金按照规定标准支付。

（2）住院伙食补助费：由用人单位按照当地因公出差伙食标准的一定比例支付。

（3）康复费：由工伤保险基金按照规定标准支付。

（4）残疾用具费：因残疾需要配置辅助器具的，所需费用由工伤保险基金按照普及型辅助器具标准支付。

（5）停工留薪期的待遇：原工资、福利待遇不变，由用人单位支付。

（6）生活护理补助费：经评残并确认需要生活护理的，生活护理补助费由工伤保险基金按照规定标准支付。

（7）一次性伤残补助金：经鉴定为十级至一级伤残的，按照伤残等级享受相当于 6 个月至 24 个月的本人工资的一次性伤残补助金，由工伤保险基金支付。

（8）伤残津贴：经鉴定为四级至一级伤残的，按照规定享受相当于本人工资 75% 至 90% 的伤残津贴，由工伤保险基金支付。

（9）死亡补助金：因职业中毒死亡的，由工伤保险基金按照不低于 48 个月的统筹地区上年度职工月平均工资的标准一次支付。

（10）丧葬补助金：因职业中毒死亡的，由工伤保险基金按照 6 个月的统筹地区上年度职工月平均工资的标准一次支付。

（11）供养亲属抚恤金：因职业中毒死亡的，对由死者生前提供主要生活来源的亲属，由工伤保险基金支付抚恤金；对其配偶每月按照统筹地区上年度职工月平均工资的40%发给，对其生前供养的直系亲属，每人每月按照统筹地区上年度职工月平均工资的30%发给。

五、劳动合同

◆ 什么是劳动合同？

劳动合同是劳动者与用人单位确立劳动关系，明确双方权利和义务的协议，是劳动者与用人单位依据《劳动法》建立劳动关系的书面法律凭证。劳动合同也是稳定劳动关系、用人单位强化劳动管理、劳动者保障自身权益、双方处理争议的重要依据。

◆ 为什么要签订劳动合同？

《劳动法》规定，建立劳动关系都要签订劳动合同。签订劳动合同主要有以下三个方面的重要作用：

（1）签订劳动合同可以强化用人单位和劳动者双方的守法意识。以劳动合同的形式明确劳动者和用人单位双方的权利和义务，双方之间就有了一个具有法律约束力的协议。在劳动过程中，用人单位依据劳动合同管理职工，行使权利和履行义务；职工也依据劳动合同保护自身的权益、履行相应的义务。

（2）签订劳动合同可以有效地维护用人单位与劳动者双方的合法权

益。劳动合同都要规定一定的期限，在合同期内，用人单位和劳动者都不能随意解除劳动合同。合同期满后，用人单位和劳动者可以就是否续签合同等重新进行协商，这就保持了用人单位用人和劳动者求职的灵活性。

（3）签订劳动合同有利于及时处理劳动争议，维护劳动者的合法权益。如果没有劳动合同，劳动者可能会在工资收入、工作时间长短、工作条件等方面与用人单位发生争议时，由于没有证据而遭受损失。

因此，劳动合同是双方维护各自合法权益的法律保障，是处理劳动关系争议的直接证据和依据，是农民工在求职路上的“护身符”。为了维护自身利益，农民工在进入用人单位开始工作之前，应当与用人单位在平等自愿、协商一致的基础上及时地签订劳动合同。农民工在签订劳动合同前，应审查用人单位的用人主体资格，并查看用人单位是否有营业执照，是否有年审的记录。

◆ 劳动合同的期限有哪几种？

劳动合同期限主要分为有固定期限、无固定期限和以完成一定工作为期限三种：

（1）有固定期限劳动合同是指用人单位与劳动者以书面形式约定合同终止时间的劳动合同。

（2）无固定期限劳动合同是指用人单位与劳动者未以书面形式约定合同终止时间的劳动合同。

（3）以完成一定工作为期限的劳动合同是指用人单位与劳动者以书面形式约定以某项工作的完成为合同终止条件的劳动合同。

◆ 签订劳动合同应遵循哪些基本原则？

《劳动法》第十七条规定，签订劳动合同要遵循平等、自愿、协商一致的原则，不得违反法律和行政法规的规定。

平等，是指订立劳动合同的双方当事人法律地位平等。因此，进城务工的农民应该依据《劳动法》的规定，理直气壮地要求用人单位签订劳动合同。在合同上签字前要仔细阅读合同条款，对内容含混的条款要坚持改写清楚，对不合法的内容要据理力争，以维护自己的合法权益。

自愿，是指劳动者要完全出于自己的意志签订劳动合同，用人单位不能强迫或欺骗劳动者签订劳动合同。

协商一致，是指劳动合同的各项条款是经过平等协商、取得一致的意见。

不得违反法律和行政法规的规定，是指订立劳动合同必须符合法律和行政法规的规定，也就是说，订立合同的主体和内容必须合法。

◆ 劳动合同文本应包括哪些主要内容？

根据《劳动法》规定，劳动合同应当包括以下必备条款：①劳动合同期限；②工作内容；③劳动保护和劳动条件；④劳动报酬；⑤劳动纪律；⑥劳动合同终止的条件；⑦违反劳动合同的责任。

根据有关法律、法规的规定，用人单位与劳动者订立劳动合同时，还应当将工作过程中可能产生的职业病（包括职业中毒）危害及其后果、防护措施和待遇等如实告知劳动者，并在劳动合同中写明，不得隐瞒或者欺骗。劳动者在已订劳动合同期间，因工作岗位或者工作内容变更，从事与所订立劳动合同中没有写明存在职业病（包括职业中毒）危害的作业时，用人单位应当依照前款规定，向劳动者如实说明，并协商变更原劳动合同相关条款。用人单位违反前两款规定的，劳动者有权拒绝从事存在职业中毒危害的作业，用人单位不得因此单方面解除或者终止与劳动者所订立的劳动合同。

《安全生产法》规定，生产经营单位与从业人员订立的劳动合同，应当写明有关保障从业人员劳动安全、防止职业病危害的事项，以及依法为从业人员办理工伤社会保险的事项。生产经营单位不得以任何形式与从业人员订立协议，免除或者减轻对从业人员因生产安全事故伤亡依法应承担的责任。违法订立这类协议的，该协议无效，对生产经营单位的主要负责人、个人经营的投资人处 2 万元以上 10 万元以下的罚款。劳动合同的内容除以上必备条款外，劳动者与用人单位还可以在法律、法规允许的范围之内，协商约定其他内容作为劳动合同的约定条款，如试用期限、商业秘密的保护以及违约金、培训费的支付和有关赔偿等。

◆ 劳动合同应以什么形式订立？

劳动合同应以书面形式订立。书面劳动合同具有严肃性，便于双方当事人履行和有关部门对劳动合同履行情况进行监督检查。一旦发生劳动争议也有据可查，从而维护双方当事人的合法权益。对从事非全日制工作的人员，劳动期限在 1 个月以下的，经双方协商，劳动者提出订立书面劳动合同的，应当以书面形式订立。《劳动法》第十九条规定，签订劳动合同时，要在明确劳动合同内容的基础上，双方共同协商一致，方可签订。

◆ 在签订劳动合同时应注意哪些问题？

对进城就业的农民工而言，签订劳动合同是维护自身权益的重要手段。如果用人单位没有与农民工签订劳动合同，农民工一定要主动提出签订书面劳动合同；如果用人单位执意不肯签，农民工可以向当地劳动保障行政部门反映情况，由劳动保障行政部门督促其签订。在签订劳动合同时农民工要注意以下问题：

（1）劳动合同中必须明确规定劳动合同期限、工作内容和工作时间、劳动保护和劳动条件、劳动报酬、劳动纪律和违反劳动合同的责任等内容。农民工在签订劳动合同时，对以上各条要做到尽可能详细、具体，比如劳动报酬，一定要写明工资支付标准、支付项目、支付形式以及支付时间等内容，以便将来发生劳动争议时能够有效维护自己的合法权益。

（2）签订劳动合同前，要仔细阅读关于相关岗位的工作说明书、劳动纪律、工资支付规定、劳动合同管理细则等规章制度，因为这些文件涉及到农民工多方面的权益，当这些文件作为劳动合同附件时，与劳动合同具有同样的法律约束力。

（3）劳动合同至少一式两份，双方各执一份，农民工应妥善保管。如果用人单位事先起草了劳动合同文本，农民工在签字时一定要慎重，对文本仔细推敲，发现条款表述不清、概念模糊的，及时要求用人单位进行说明修订。为稳妥起见，农民工在签订劳动合同前，也可以向有关部门或公共职业介绍机构进行咨询，确认合同相关内容的合法性、公平性。需要特别注意的是，当劳动合同涉及数字时，应当使用大写汉字。

◆ 什么是非法用工？

非法用工是指用人单位在无营业执照或者未经依法登记、备案的单位以及被依法吊销营业执照或者撤销登记、备案情况下仍然雇用工人进行生产或经营的行为。

◆ 临时用工的劳动合同如何签订？

全面实行劳动合同制度后，所有用人单位与职工全面实行劳动合同制度，各类职工在用人单位享有的权利是平等的，过去意义上相对于正式工而言的临时工已经不存在。用工单位在临时岗位上用工，仍然要与劳动者签订书面劳动合同，并依法为其建立各种社会保险，使其享有有关的福利待遇。用人单位不能以招用的是临时工为借口，侵害劳动者的劳动保障权益。

◆ 个体工商户雇工可以不签订劳动合同吗？

不可以。国家有关部门规定，私营企业和请帮手带学徒的个体工商户，均应通过签订劳动合同与劳动者建立劳动关系。对故意不实行劳动合同制度的私营企业和个体工商户，要依照《劳动法》和有关规定追究其法律责任。个体工商户不与劳动者签订劳动合同的行为是违法的。个体工商户雇用的劳动者可以依法主张权利，维护自己的合法权益，向劳动监察部门举报，劳动监察部门将按照《劳动法》、《违反＜中华人民共和国劳动法＞行政处罚办法》等规定予以查处。

◆ 用工单位可以向农民工收取定金或扣留身份证吗？

不可以。国家法律明令禁止用工单位招用人员时向求职者收取招聘费用；禁止向被录用人员收取保证金或抵押金，也不得以任何形式向农民工收取抵押物；禁止扣押被录用人员的身份证等证件。劳动者一旦发现用工单位有以上非法行为，应及时向当地劳动保障监察机构举报，由公安部门和劳动行政部门责令用人单位立即退还给农民工本人。

◆ 什么是无效的劳动合同？

无效的劳动合同是指不具有法律效力的劳动合同。根据《劳动法》的规定，下列劳动合同无效：违反法律、行政法规的劳动合同；采取欺诈、威胁等手段订立的劳动合同。

劳动合同的无效，由劳动争议仲裁委员会或者人民法院确认。无效的劳动合同，从订立的时候起，就没有法律约束力。也就是说，劳动者自始至终都无需履行无效劳动合同。确认劳动合同部分无效的，如果不影响其余部分的效力，其余部分仍然有效。

◆ 签订了无效的劳动合同怎么办？

劳动合同是不是有效不能由双方当事人来认定，而应由劳动争议仲裁委员会或人民法院来认定。如果是因为用人单位的原因签订了无效劳动合同，并且对农民工的工资收入造成损失的，除了按照农民工应该得到的工资收入给予补偿之外，还要按规定加付一定的赔偿费。劳动合同如果是部分无效合同，必须对无效部分进行修改，以符合国家有关法律、法规的要求和双方当事人的意愿。

◆ **订立无效的劳动合同用人单位要承担什么法律责任？**

由于用人单位的原因订立的无效合同，对劳动者造成损害的，应当承担赔偿责任。具体包括：

（1）造成劳动者工资收入损失的，按劳动者本人应得工资收入支付给劳动者，并加付应得工资收入25%的赔偿费用。

（2）造成劳动者劳动保护待遇损失的，应按国家规定补足劳动者的劳动保护津贴和用品。

（3）造成劳动者工伤、医疗待遇损失的，除按国家规定为劳动者提供工伤、医疗待遇外，还应支付劳动者相当于医疗费用25%的赔偿费用。

（4）造成女职工和未成年工身体健康损害的，除按国家规定提供治疗期间的医疗待遇外，还应支付相当于其医疗费用25%的赔偿费用。

（5）劳动合同约定的其他赔偿费用。

◆ **女职工不得结婚、不得生孩子的劳动合同条款有效吗？**

无效。有些用人单位合同规定女职工不得结婚、生育子女，此类条款违反了国家有关法律、行政法规的规定，这类劳动合同自签订之日起就成为无效或部分无效合同。

◆ **用人单位在劳动合同中约定的“工伤自理”条款有效吗？**

无效。在劳动合同中有“工伤自理”“工伤概不负责”、“伤残由个人负责”等所谓生死合同条款，不符有关法律的规定。《安全生产法》明确规定，如果用人单位在签订的协议中“免除或者减轻其对从业人员因生产安全事故伤亡依法亦承担责任的，该协议无效”。劳动者应拒签订有这类条款的合同。如果已签，可以向当地劳动仲裁委提出仲裁，确认这种条款无效。

◆ 劳动合同中约定不缴纳农民工的社会保险费条款有效吗？

无效。社会保险是指由国家立法强制实施，由政府、用人单位和劳动者等社会各方面筹集资金建立专门基金，在劳动者年老、失业、患病、工伤、生育或者丧失劳动能力时，从国家或社会获得物质帮助的制度。社会保险具有强制性，是法律规定并由国家强制实施的，社会保险覆盖范围内所有单位和个人都有必须参加并按规定履行缴纳社会保险费的义务。

◆ 哪些用人单位有资格与农民工签订劳动合同？

根据劳动和社会保障部、建设部、全国总工会《关于加强建设等行业农民工劳动合同管理的通知》规定，劳动合同必须由具备用工主体资格的用人单位与农民工本人直接签订，不得由他人代签。在建筑领域，工程项目部、项目经理、施工作业班组、包工头等不具备用工主体资格，不能作为用工主体与农民工签订劳动合同。劳动和社会保障部《关于确立劳动关系有关事项的通知》规定，建筑施工、矿山企业等用人单位将工程（业务）或经营权发包给不具备用工主体资格的组织或自然人，对该组织或自然人招用的劳动者，由具备用工主体资格的发包方承担用工主体责任。

◆ 非法用工主体招用的农民工享有劳动保障权益吗？

享有。对于存在违反劳动法律、法规行为的用人单位，劳动行政部门应依据《劳动法》等有关法律、法规的规定予以处理。对未经工商部门登记的用人单位，劳动行政部门除依据有关法律、法规对其劳动违法行为进行处理外，还可以提请有关部门对其非法经营行为进行处理。

国务院颁布的《无照经营查处取缔办法》、《工伤保险条例》、《使用有毒物品作业场所劳动保护条例》规定，对于违法从事无照经营的，由有关部门依法查处。无营业执照或者未经依法登记、备案的单位以及被依法吊销营业执照或者撤销登记、备案的单位的职工受到事故伤害或者患职业病的，由该单位向伤残职工或者死亡职工的直系亲属给予一次性赔偿，赔偿标准不得低于工伤保险条例规定的工伤保险待遇；用人单位不得使用童工，用人单位使用童工造成童工伤残、死亡的，由该单位向童工或者童工的直系亲属给予一次性赔偿，赔偿标准不得低于工伤保险条例规定的工伤保险待遇。对于伤残职工或者死亡职工的直系亲属就赔偿数额与单位发生争议的，以及童工或者童工的直系亲属就赔偿数额与单位发生争议的，按照处理劳动争议的有关规定处理。

以上规定表明，即使劳动者是在非法用工主体工作，也仍然享有劳动保障法律法规所规定的权利，非法用工主体违反劳动保障法律法规规定，侵害劳动者合法劳动保障权益的，劳动保障行政部门有职责追究该用人单位的法律责任，并对该用人单位违反其他法律法规的行为，提请有关部门追究其法律责任。

◆ 用人单位不签劳动合同怎么办?

用人单位不签订劳动合同的做法是违法的。《劳动法》第九十八条规定，用人单位违反本法规定的条件解除劳动合同或者故意拖延不订立劳动合同的，由劳动行政部门责令改正；对劳动者造成损害的，应当承担赔偿责任。根据《关于违反＜劳动法＞有关劳动合同规定的赔偿办法》的规定，用人单位故意拖延不订立劳动合同，即招用后故意不按规定订立劳动合同以及劳动合同到期后故意不及时续订劳动合同，对劳动者造成损失的，应赔偿劳动者损失。具体赔偿标准如下：

（1）造成劳动者工资收入损失的，按劳动者本人应得工资收入支付给劳动者，并加付应得工资收入25%的赔偿费用。

（2）造成劳动者劳动保护待遇损失的，应按国家规定补足劳动者的劳动保护津贴和用品。

（3）造成劳动者工伤、医疗待遇损失的，除按国家规定为劳动者提供工伤、医疗待遇外，还应支付劳动者相当于医疗费用25%的赔偿费用。

（4）造成女职工和未成年工身体健康损害的，除按国家规定提供治疗期间的医疗待遇外，还应支付相当于其医疗费用25%的赔偿费用。

◆ 用人单位故意拖延不订立劳动合同有什么法律后果？

对用人单位故意拖延不订立劳动合同造成事实劳动关系的，由劳动保障行政部门责令改正，逾期不改的，应给予通报批评。用人单位解除与劳动者的劳动关系并拒不支付经济补偿金的，劳动保障行政部门应责令支付劳动者的经济补偿，并可责令按相当于支付劳动者经济补偿总和的1～5倍支付劳动者赔偿金。对劳动者造成损害的，应当承担赔偿责任。

◆ 没有订立书面劳动合同的劳动关系应该怎样确认？

根据劳动和社会保障部《关于确立劳动关系有关事项的通知》（劳社部发〔2005〕12号）规定，用人单位招用劳动者未订立书面劳动合同，但同时具备下列情形的，劳动关系成立：

（1）用人单位和劳动者符合法律、法规规定的主体资格。

（2）用人单位依法制定的各项劳动规章制度适用于劳动者，劳动者受用人单位的劳动管理，从事用人单位安排的有报酬的劳动。

（3）劳动者提供的劳动是用人单位业务的组成部分。

用人单位未与劳动者签订劳动合同，认定双方存在劳动关系时可参照下列凭证：

（1）工资支付凭证或记录（职工工资发放花名册）、缴纳各项社会保险费的记录。

（2）用人单位向劳动者发放的“工作证”、“服务证”等能够证明身份的证件。

（3）劳动者填写的用人单位招工招聘“登记表”、“报名表”等招用记录。

（4）考勤记录。

（5）其他劳动者的证言等。

其中，（1）、（3）、（4）项的有关凭证由用人单位负举证责任。

◆ 应该避免签订哪些劳动合同？

劳动合同就像是劳动者的护身符。然而，在现实生活中还是有不少用人单位在与劳动者签订劳动合同时，采取欺诈、胁迫等手段设置陷阱，严重侵犯了劳动者的合法权益。对此，求职者一定要提高警惕，以免上当受骗。这些设有职业陷阱的合同主要有以下五种：

（1）暗箱合同：这类合同中的权利和义务一边倒。有些企业与劳动者签订合同时，多采用已经写好了条款的格式合同，根本不与劳动者协商，不向劳动者讲明合同内容。在合同中，只从企业的利益出发规定用工单位的权利和劳动者的义务，而很少或者根本不规定用工单位的义务和劳动者权利。

（2）霸王合同：这类合同一般是以给劳动者或其亲友造成财产或人身损失相威胁，迫使对方在违背真实意愿的情况下所签订的。如今仍有不少用人单位利用劳动者求职心切的心理，向劳动者收取押金、风险金、培训费、保证金等各种名目且数额不等的金钱，劳动者稍有违反管理的行为，用人单位即“合法”扣留这部分押金。

（3）生死合同：部分用人单位不按《劳动法》的有关规定履行安全卫生义务，妄图以与劳动者约定“工伤概不负责”之类的条款逃避责任。这类约定是违反《劳动法》的，即使已经写进合同里，双方已经签字，也是无效的。签订这类合同的主要是建筑、采石等从事高度危险作业的单位。

这类企业，劳动保护条件差，隐患多，设施不全，生产中极易发生伤亡事故。

（4）卖身合同：具体表现在一些用人单位与劳动者在合同中约定，劳动者一切行动听从用人单位安排，一旦签订合同，劳动者就如同卖身一样完全失去行动自由。在工作中，加班加点，被强迫劳动，有的单位连吃饭、穿衣、上厕所都规定了严格的时间，剥夺了劳动者的休息权、休假权，甚至任意侮辱、体罚、殴打和拘禁劳动者。

（5）双面合同或称阴阳合同：一些用人单位在与劳动者签订合同的时候，准备了至少两份合同。一份是假的合同，内容是按照劳动部门制定的要求签订，用以对外应付有关部门的检查，但在劳动过程中并不实际执行；一份为真的合同，是用人单位从自身利益出发拟定的违法合同，合同规定的权利和义务极不平等，对内用来约束劳动者的言行，对外则是为钻法律的空子。

◆ 应该怎样避免试用期陷阱？

试用期是用人单位和劳动者为相互了解而约定的一定期限的考察期。试用期最长不得超过 6 个月。

国家规定，劳动合同期限在 6 个月以下的，试用期不得超过 15 日；劳动合同期限在 6 个月以上 1 年以下的，试用期不得超过 30 日；劳动合同期限在 1 年以上 2 年以下的，试用期不得超过 60 日。

一些用人单位为降低人工成本，大量雇用短期临时工，且不签订劳动合同，3 个月试用期满，就以各种各样的借口予以辞退。如果对《劳动法》不了解的话，作为一个务工者，很可能会吃亏。

因此，农民工朋友应该知道，当你和用人单位已经实际履行劳动权利和义务时，双方的劳动关系已经建立，双方的权利义务受到法律保护。同时，只有签订劳动合同时，双方才可以约定试用期，而不是在试用期满后才签订劳动合同。试用期包含在劳动合同期限之中。

◆ 农民工在劳动合同期内是否可以不辞而别？

劳动合同依法签订即具有法律约束力，当事人必须履行劳动合同规定的义务。《劳动法》第十七条规定：劳动合同依法签订即具有法律约束力，当事人必须履行劳动合同规定的义务。第十九条把遵守劳动纪律和违反劳动合同的责任列为劳动合同内容的必备条款。根据这些规定，用人单位与劳动者签订劳动合同时，应明确双方违反劳动合同应承担责任的内容，其中包括劳动者在合同履行期内随意离职给单位造成损失应承担的责任。

《劳动法》第三十一条规定：劳动者解除劳动合同，应当提前 30 日以书面形式通知用人单位。可见，劳动者在合同履行期间，解除劳动合同是有一定条件的。自行离职、不辞而别，显然违反《劳动法》中有关劳动合同的规定，是一种违约行为，应当按照规定向用人单位赔偿所造成的损失。原劳动部《违反〈劳动法〉有关劳动合同规定的赔偿办法》第四条规定：劳动者违反规定或劳动合同的约定解除劳动合同，对用人单位造成损失的，劳动者应赔偿用人单位的下列损失：①用人单位招收录用其所支付的费用；②用人单位为其支付的培训费用，双方另有约定的按约定办理；③对生产、经营和工作造成的直接经济损失；④劳动合同约定的其他赔偿费用。法律另有规定的除外。

◆ 什么情况下农民工可以解除劳动合同？

根据有关法律规定，劳动者可以和用人单位协商解除劳动合同，也可以在符合法律规定的情况下单方解除劳动合同。劳动者单方解除劳动合同主要包括：

（1）《劳动法》第三十一条规定：劳动者解除劳动合同，应当提前 30 日以书面形式通知用人单位。这是劳动者解除劳动合同的条件和程序，劳动者这样做无需征得用人单位的同意，用人单位应及时办理有关解除劳动合同的手续。但是，如果由于劳动者违反劳动合同有关约定给用人单位造成经济损失的，应当根据有关规定及劳动合同的约定，由劳动者承担赔偿责任。

（2）《劳动法》第三十二条规定：有下列情形之一的，劳动者可以随时通知用人单位解除劳动合同：①在试用期内的；②用人单位以暴力、威胁或者非法限制人身自由的手段强迫劳动的；③用人单位未按照劳动合同约定支付劳动报酬或者提供劳动条件的。

◆ 在哪些情况下解除劳动合同可以获得赔偿？

《关于违反＜劳动法＞有关劳动合同规定的赔偿办法》第二条规定：用人单位有下列情形之一，对劳动者造成损害的，应赔偿劳动者损失：

（1）用人单位故意拖延不订立劳动合同，即招用后故意不按规定订立劳动合同或者劳动合同到期后故意不及时续订劳动合同的。

（2）由于用人单位的原因订立无效劳动合同，或订立部分无效劳动合同的。

（3）用人单位违反规定或劳动合同的约定，侵害了女职工或未成年工合法权益的。

（4）用人单位违反规定或劳动合同的约定而解除劳动合同的。

如果有单位招用了与别的单位未解除劳动合同的劳动者，也属于违反劳动合同规定的情况，如果劳动者给原用人单位造成损失的，要承担连带赔偿责任。

◆ 什么情况下用人单位可以解除劳动合同？

根据有关法律规定，用人单位可以和劳动者协商解除劳动合同，也可以在符合法律规定的情况下单方解除劳动合同。用人单位单方解除劳动合同主要包括：

（1）《劳动法》第二十五条规定：劳动者有下列情形之一的，用人单位可以解除劳动合同：①在试用期间被证明不符合录用条件的；②严重违反劳动纪律或者用人单位规章制度的；③严重失职，营私舞弊，对用人单位利益造成重大损害的；④被依法追究刑事责任的。

（2）《劳动法》第二十六条规定：有下列情形之一的，用人单位可以解除劳动合同，但是应当提前30日以书面形式通知劳动者本人：①劳动者患病或者非因工负伤，医疗期满后，不能从事原工作也不能从事由用人单位另行安排的工作的；②劳动者不能胜任工作，经过培训或者调整工作岗位，仍不能胜任工作的；③劳动合同订立时所依据的客观情况发生重大变化，致使原劳动合同无法履行，经当事人协商不能就变更劳动合同达成协议的。

（3）《劳动法》第二十七条规定：用人单位濒临破产进行法定整顿期间或者生产经营状况发生严重困难，确需裁减人员的，应当提前30日向工会或者全体职工说明情况，听取工会或者职工的意见，经向劳动保障行政部门报告后，可以裁减人员。并且规定，用人单位自裁减人员之日起6个月内录用人员的，应当优先录用被裁减的人员。

◆ 什么情况下劳动合同期满用人单位也不得终止劳动合同？

根据《劳动法》及有关法律法规规定，劳动合同期满或者当事人约定的劳动合同终止条件出现，劳动合同即行终止。但是符合下列条件之一的，即使劳动合同期满，用人单位也不得终止劳动合同：

（1）《工会法》规定，基层工会专职主席、副主席或者委员自任职之日起，其劳动合同期限自动延长，延长期限相当于其任职期间；非专职主席、副主席或者委员自任职之日起，其尚未履行的劳动合同期限短于任期的，劳动合同期限自动延长至任期期满。但是，任职期间个人严重过失或者达到法定退休年龄的除外。

（2）劳动保障部等部门《关于进一步推行平等协商和集体合同制度

的通知》（劳社部发〔2001〕17号）规定，参与集体协商签订集体合同的职工协商代表在任期内，劳动合同期满的，企业原则上应当与其续签劳动合同至任期届满。职工代表的任期与当期集体合同的期限相同。

（3）原劳动部《关于贯彻执行〈中华人民共和国劳动法〉若干问题的意见》（劳部发〔1995〕309号）规定，除劳动法第二十五条规定的情形外，劳动者在医疗期、孕期、产期和哺乳期内，劳动合同期限届满时，用人单位不得终止劳动合同。劳动合同的期限应自动延续至医疗期、孕期、产期和哺乳期期满为止。

（4）《工伤保险条例》（国务院令第375号）规定，用人单位不得终止伤残程度为一级至六级的工伤职工的劳动合同。不过，伤残程度为五级或六级的，经工伤职工本人提出，该职工可以与用人单位解除或者终止劳动关系，由用人单位支付一次性工伤医疗补助金和伤残就业补助金。

（5）《职业病防治法》规定，用人单位对未进行离岗前职业健康检查的劳动者不得解除或者终止与其订立的劳动合同；用人单位在疑似职业病病人诊断或者医学观察期间，不得解除或者终止与其订立的劳动合同。

◆ 用人单位违法解除劳动合同应该承担什么责任？

《劳动法》及《违反〈劳动法〉有关劳动合同规定的赔偿办法》规定，用人单位不得随意解除劳动合同。用人单位违法解除劳动合同的，由劳动保障行政部门责令改正；对劳动者造成损害的，应当承担赔偿责任。具体赔偿标准是：

（1）造成劳动者工资收入损失的，按劳动者本人应得工资收入支付劳动者，并加付应得工资收入25%的赔偿费用。

（2）造成劳动者劳动保护待遇损失的，应按国家规定补足劳动者的劳动保护津贴和用品。

（3）造成劳动者工伤、医疗待遇损失的，除按国家规定为劳动者提供工伤、医疗待遇外，还应支付劳动者相当于医疗费用25%的赔偿费用。

（4）造成女职工和未成年工身体健康损害的，除按国家规定提供治疗期间的医疗待遇外，还应支付相当于其医疗费用25%的赔偿费用。

（5）劳动合同约定的其他赔偿费用。

◆ 与用人单位订立竞业限制协议的劳动者会受到什么限制？

劳动者与用人单位订立竞业限制协议的，在解除或者终止劳动合同后，在规定的期限内受到如下限制：

（1）不得加入与单位生产或者经营同类产品、从事同类业务的有竞争关系的其他用人单位。

（2）也不得自己开业生产或者经营同类产品、从事同类业务。

（1）根据《劳动法》第二十八条规定，用人单位在下列情况下解除劳动合同，应当按照国家有关规定，对劳动者给予一次性经济补偿。①经

劳动合同当事人协商一致，由用人单位解除劳动合同的；②劳动者患病或非因工负伤，医疗期满后，不能从事原工作也不能从事由用人单位另行安排的工作而被解除劳动合同的；③劳动者不能胜任工作，经过培训或者调整工作岗位，仍不能胜任工作而被解除劳动合同的；④劳动合同订立时所依据的客观情况发生重大变化，致使原劳动合同无法履行，经当事人协商不能就变更劳动合同达成协议而被解除劳动合同的；⑤由于用人单位依法进行经济性裁员而被解除劳动合同的。

（2）根据《劳动法》第九十一条规定，用人单位有下列侵害劳动者合法权益情形之一的，由劳动行政部门责令支付劳动者工资报酬、经济补偿，并可以责令支付赔偿金。①克扣或者无故拖欠劳动者工资的；②拒不支付劳动者延长工作时间工资报酬的；③低于当地最低工资标准支付劳动者工资的；④解除劳动合同后，未依照本法规定给予劳动者经济补偿的。

◆ 在没有签订劳动合同的情况下权益受损应该怎么办?

有些用人单位在招工时把条件开得很好，但不与劳动者签订劳动合同，工作开始后根本不兑现自己的诺言，或者在履行时对自己的诺言大打折扣，侵害劳动者的权益。《劳动法》第九十八条规定：用人单位违反本法规定的条件而解除劳动合同，或者故意拖延不订立劳动合同的，由劳动行政部门责令改正；对劳动者造成损害的，应当承担赔偿责任。

◆ 我们农民工在用人单位工作期间享有哪些权利?

①享有参加企业民主管理的权利；②依法享受劳动保护、社会保险、休息、休假的权利；③向国家机关反映真实情况，对企业领导干部提出批评和控告的权利；④女工有依照国家规定享受特殊劳动保护和社会保险的权利。

◆ 在签订劳动合同前用人单位对农民工有告知义务吗?

应该履行告知义务。为了保证劳动者在订立劳动合同时充分知情，用人单位与农民工建立劳动关系、订立劳动合同前，应当如实告知工作内容、工作条件、工作地点、职业危害、安全生产状况、劳动报酬，以及农民工希望了解的其他与订立的履行劳动合同直接相关的情况，履行告知义务。

◆ 用人单位非法使用童工应承担什么法律责任?

用人单位非法使用童工应负法律责任。根据国务院令《禁止使用童工规定》，用人单位使用童工的，由劳动保障行政部门按照每使用 1 名童工每月处 5000 元罚款的标准给予处罚；用人单位经劳动保障行政部门依照前款规定责令限期改正，逾期仍不将童工送交其父母或者其他监护人的，从责令限期改正之日起，由劳动保障行政部门按照每使用 1 名童工每月处 10 000 元罚款的标准处罚，并由工商行政部门吊销其营业执照或者由民政部门撤销民办非企业单位登记。拐骗童工，强迫童工劳动，使用童工从事高空、井下、放射性、高毒、易燃易爆以及国家规定的第四级体力劳动强度的劳动，使用不满 14 周岁的童工，或者造成童工死亡或者严重伤残的，依照刑法关于拐卖儿童罪、强迫劳动罪或者其他罪的规定，依法追究刑事责任。

◆ 怎样签订非全日制用工的劳动合同?

非全日制劳动者和用人单位订立劳动合同，不同的情形可以采取不同的方式：

（1）以书面形式订立非全日制用工合同。劳动合同期限不超过 1 个月的，经双方协商同意，可以以口头劳动合同形式订立。如果劳动者要求订立书面劳动合同，则应当订立书面劳动合同。

（2）劳动者通过依法成立的劳务派遣机构为用人单位提供非全日制劳动的，非全日制劳动者应当与劳务派遣机构订立劳动合同。

（3）非全日制劳动合同内容应当包括工作时间和期限、工作内容、劳动报酬、劳动保护和劳动条件等必备条款，由双方协商确定，并且不可以约定试用期。

（4）用人单位录用非全日制劳动者后，要到当地劳动保障行政部门办理录用备案手续。

◆ 怎样终止非全日制用工的劳动合同?

用人单位和劳动者双方可以约定非全日制劳动合同的终止条件。劳动合同中，当事人没有约定终止劳动合同应当提前通知的，任何一方都可以随时通知对方终止劳动合同；如果双方约定了违约责任的，要按照约定的违约责任承担赔偿责任。

◆ 集体合同制度是怎么回事?

集体合同制度指的是一种劳动关系当事人之间通过协商双方劳动关系的法律制度。集体合同应该提交职工代表大会或者全体职工讨论通过，由工会代表职工和用人单位签订；在没有建立工会的企业，可以由职工推举的代表与企业签订集体合同。《劳动法》中明确规定：企业职工可以就劳动报酬、工作时间、休息休假、劳动安全卫生、保险福利等事项和企业签订集体合同。

◆ 怎样签订集体合同?

可以经过以下程序签订集体合同：

（1）经双方代表协商一致的集体合同草案或专项集体合同草案提交职工代表大会或全体职工讨论。

（2）有2/3以上的职工代表或职工出席职工代表大会或全体职工大会，并且全体职工代表半数以上或全体职工半数以上同意这项集体合同草案，这个集体合同草案获得通过。

（3）集体协商双方首席代表在集体合同草案或专项集体合同草案上签字。

（4）集体合同或专项集体合同期限为1～3年，合同期满或者双方约定的终止条件出现，该合同即行终止；任何一方都可以在该合同期满前3个月内，向对方提出重新签订或者续签合同的要求。

◆ 在哪些情形下可以变更和解除集体合同？

出现下列情形之一的，可以变更或者解除集体合同：

（1）用人单位因被兼并、解散、破产等原因，导致集体合同无法履行的。

（2）因不可抗力等原因导致集体合同无法履行或者部分无法履行的。

（3）集体合同约定的变更或解除条件出现的。

（4）法律、法规、规章规定的其他变更或解除集体合同的情形。

以上情形同样适用于变更或解除专项集体合同。变更或解除集体合同或者专项集体合同适用集体协商的程序。

◆ 在企业违法分包工程的情况下怎样确认用人主体的责任？

根据劳动和社会保障部、建设部、全国总工会《关于加强建设等行业农民工劳动合同管理的通知》（劳社部发［2005］9号）规定，劳动合同必须由具备用工主体资格的用人单位与农民工本人直接签订，不得由他人代签。建筑领域工程项目部、项目经理、施工作业班组、包工头等不具备用工主体资格，不能作为用工主体与农民工签订劳动合同。劳动和社会保障部《关于确立劳动关系有关事项的通知》（劳社部发［2005］12号）规定，建筑施工、矿山企业等用人单位将工程（业务）或经营权发包给不具备用工主体资格的组织或自然人，对该组织或自然人招用的劳动者，由具备用工主体资格的发包方承担用工主体责任。

六、劳动争议

◆ 什么是劳动争议？

劳动争议是指劳动关系当事人之间因劳动权利和义务而发生的争议。这种争议的双方当事人，一方是企业（机关、事业单位、社会团体）或个体工商户，另一方是职工（个人或集体）。下列争议属于劳动争议：

（1）因开除、除名、辞退职工和职工辞职、自动离职发生的争议。

（2）因执行国家有关工资、社会保险和福利、培训、劳动保护的规定而发生的争议。

（3）因履行、解除、终止劳动合同发生的争议。

（4）法律、法规规定的应按照《企业劳动争议处理条例》处理的其他劳动争议。

◆ 与用人单位存在事实劳动关系的劳动者享有劳动保障权利吗？

享有。事实劳动关系，指的是用人单位招用劳动者后不按规定订立劳动合同，或者用人单位与劳动者以前签订过劳动合同，但是劳动合同到期后用人单位同意劳动者继续在本单位工作却没有与其及时续订劳动合同。

根据《劳动法》的规定，用人单位和与之形成劳动关系的劳动者适用《劳动法》。事实劳动关系的双方当事人之间也存在劳动关系，因此，双方均享有劳动保障法律法规所规定的一切权利，并应履行劳动保障法律法规所规定的一切义务。最高人民法院《关于审理劳动争议案件适用法律若干问题的解释》（法释［2001］14号）第十六条规定：劳动合同期满后，劳动者仍在原用人单位工作，原用人单位未表示异议的，视为双方同意以原条件继续履行劳动合同。这表明对于用人单位与劳动者以前签订过劳动合同，劳动合同到期后形成的事实劳动关系，用人单位与劳动者均继续享有原劳动合同约定的权利，并应履行原劳动合同约定的义务。

存在事实劳动关系的劳动者在劳动保障权益受到用人单位侵害时，同签订劳动合同的劳动者一样，可以通过劳动保障监察、劳动争议仲裁、向人民法院起诉等途径，依法维护自身合法权益。

◆ 哪些机构可以处理劳动争议？

我国处理劳动争议的机构主要有：企业劳动争议调解委员会、劳动争议仲裁委员会、人民法院。人民法院，作为可以处理劳动争议的司法机关，对劳动争议案件也有权进行审理。

◆ 劳动争议调解委员会是怎么回事？

劳动争议调解委员会是用人单位根据《劳动法》和《企业劳动争议处理条例》的规定在本单位内部设立的机构，是专门处理与本单位劳动者之间的劳动争议的群众性组织。

◆ 劳动争议仲裁委员会是怎么回事？

劳动争议仲裁委员会是处理劳动争议的专门机构。县、市、市辖区人民政府设立仲裁委员会，负责处理本辖区内发生的劳动争议。设区的市、市辖区仲裁委员会受理劳动争议案件的范围由省、自治区人民政府规定。

各级仲裁委员会由劳动行政主管部门的代表、工会的代表、政府指定的经济综合管理部门的代表组成，主任由劳动行政主管部门的负责人担任，其办事机构设在同级的劳动行政主管部门。

◆ 劳动保障监察的主要内容是什么？

劳动保障监察是指由劳动保障行政主管部门对单位和劳动者遵守劳动保障法律、法规、规章情况进行检查并对违法行为予以行政处罚的具体行政行动。

劳动保障监察的主要内容是：

（1）用人单位制定内部劳动保障规章制度的情况。

（2）用人单位与劳动者订立劳动合同的情况。

（3）用人单位遵守禁止使用童工规定的情况。

（4）用人单位遵守女职工和未成年工特殊劳动保护规定的情况。

（5）用人单位遵守工作时间和休息、休假规定的情况。

（6）用人单位支付劳动者工资和执行最低工资标准的情况。

（7）用人单位参加各项社会保险和缴纳社会保险费的情况。

（8）职业介绍机构、职业技能培训机构和职业技能考核鉴定机构遵守国家有关职业介绍、职业技能培训和职业技能考核鉴定规定的情况。

（9）法律、法规规定的其他劳动保障监察事项。

◆ 哪些情况下可以向劳动保障监察机构寻求帮助？

农民工在下列情况下，可以向劳动保障监察机构投诉、举报：

（1）用人单位违反录用和招聘职工规定的。如招用童工或与劳动者订立劳动合同时，向劳动者收取抵押金、抵押物等。

（2）用人单位违反有关劳动合同规定的。如拒不签订劳动合同，违法解除劳动合同，解除劳动合同后不按国家规定支付经济补偿金等。

（3）用人单位违反女职工和未成年工特殊劳动保护规定的。如安排女职工和未成年工从事国家规定的禁忌劳动，未对未成年工进行健康检查等。

（4）用人单位违反工作时间和休息、休假规定的。如超时加班加点，强迫加班加点等。

（5）用人单位违反工资支付规定的。如克扣或无故拖欠工资，拒不支付加班加点工资，拒不遵守最低工资保障制度规定等。

（6）用人单位制定的劳动规章制度违反法律、法规规定的。如用人单位规章制度规定农民工不参加工伤保险，工伤责任由农民工自负等。

（7）用人单位违反社会保险规定的。如不依法为农民工参加社会保险和缴纳社会保险费，不依法支付工伤保险待遇等。

（8）无营业执照或在已被依法吊销营业执照的单位和个人，有劳动用工行为的。

（9）职业中介机构违反职业中介有关规定的。如提供虚假信息、超标准收费等。

（10）从事劳动能力鉴定的机构违反劳动能力鉴定规定的。如提供虚假鉴定意见、提供虚假诊断证明等。

（11）法律、法规、规章规定的劳动保障监察机构应当受理的其他事项。

◆ 非全日制劳动者和用工单位发生劳动争议应该怎么办？

非全日制劳动者与用人单位因履行劳动合同发生的劳动争议，应该按照国家劳动争议处理规定处理。劳动者直接向招用其劳动的家庭和个人提供非全日制劳动的，双方当事人发生的争议不适用劳动争议处理规定。

◆ 劳动仲裁应该由什么机构来裁决？

劳动争议当事人应向劳动争议仲裁委员会提出劳动仲裁。仲裁委员会由下列人员组成：

（1）劳动行政主管部门的代表。

（2）工会的代表。

（3）政府指定的经济综合管理部门的代表。

仲裁委员会组成人员必须是单数，主任由劳动行政主管部门的负责人担任；劳动行政主管部门的劳动争议处理机构为仲裁委员会的办事机构，负责办理仲裁委员会的日常事务；仲裁委员会实行少数服从多数原则。

◆ 涉及工伤的劳动争议案件可以直接提起劳动仲裁吗？

不可以。在劳动争议案件中，如果涉及到发生工伤的情形，必须先认定工伤，然后再提起劳动仲裁，不可以不经工伤认定而直接提起劳动仲裁。

◆ 应当向哪个劳动争议仲裁委员会申请仲裁？

一般情况下，农民工应当向用人单位所在地的县（市）、市辖区的劳动争议仲裁委员会申请仲裁。重大的劳动争议案件，可由省辖市或省级劳动争议仲裁委员会受理。

◆ 当事人双方不在同一地区的劳动争议如何处理？

发生劳动争议的企业与职工不在同一个仲裁委员会管辖地区的，通常情况下，由职工工资关系所在地的仲裁委员会处理。“工资关系所在地”是指工资发放单位所在地。对工资关系与劳动争议双方当事人签订或履行合同不在同一地区的，由劳动合同履行地的劳动争议仲裁委员会管辖，也可以由劳动关系双方当事人在劳动合同有关仲裁条款中约定的劳动争议仲裁委员会管辖。

◆ 当事人申请仲裁有什么时限要求？

提出仲裁要求的一方当事人应当自劳动争议发生之日起 60 日内向劳动争议仲裁委员会提出书面申请。申诉时效为 60 日，该期间为不变期间，不因任何事由发生中断、中止，超过期限申请仲裁的，劳动权利就失去法律的保护和支持。

◆ 在仲裁程序中可以要求先行支付被拖欠的工资或医疗费吗？

为了能够及时维护劳动者的合法权益，针对用人单位下列侵害劳动者权益的行为，仲裁委员会经初步审理，可以采用“部分裁决”的形式裁决用人单位先行向劳动者支付被拖欠的工资或医疗费：①企业无故拖欠、扣罚或停发工资超过 3 个月，致使职工生活确无保障的；②职工因工负伤，企业不支付急需的医疗费的；③职工患病，在规定的医疗期内，企业不支付急需的医疗费的。

◆ 劳动争议仲裁委员会应该在多长时间内做出裁决？

劳动争议仲裁委员会应该在收到仲裁申请的 60 日内做出仲裁裁决。由于案件情况复杂，在 60 日内不能结案、需要延期的，经报劳动争议仲裁委员会批准，可以适当延期，但延期不得超过 30 日。

◆ 当事人一方或双方对仲裁裁决不服怎么办？

当事人一方或双方对仲裁裁决不服，自收到裁决书之日起 15 日内，可以向人民法院起诉。

◆ 当事人对生效的仲裁调解书和仲裁裁决书不执行怎么办？

仲裁庭进行调解达成协议的，应当根据协议内容制作调解书，调解书自送达到当事人之日起具有法律效力。仲裁庭进行调解未达成协议的，应当做出仲裁裁决。当事人一方或双方对仲裁裁决在 15 日内不走访，期满后裁决书即发生法律效力。

当事人对具有法律效力的调解书和裁决书，应当依照规定严格履行，一方当事人逾期不履行的，对方当事人可以申请人民法院强制执行。

在执行中，对于企业拒绝给职工安排工作并且不发工资或者不给福利待遇的，人民法院可通知银行或信用社扣划应付的工资和应享受的福利待遇，必要时可责令企业赔偿该职工的实际经济损失。

◆ 哪些权益受到损害时可以向工会求助？

工会是职工自愿结合的工人阶级的群众组织，维护职工权益是其基本职责。中华全国总工会及其工会组织代表职工的利益，依法维护职工的合法权益。在中国境内的企业、事业单位、机关中以工资收入为主要生活来源的体力劳动者和脑力劳动者，不分民族、种族、性别、职业、宗教信仰、教育程度，都有依法参加和组织工会的权利。

企业、事业单位违反劳动法律、法规规定，有下列侵犯职工劳动权益的情形，劳动者可向工会求助，工会应当代表职工与企业、事业单位交涉，要求企业、事业单位采取措施予以改正；企业、事业单位应当予以研究处理，并向工会做出答复；企业、事业单位拒不改正的，工会可以请求当地人民政府依法做出处理：

（1）克扣职工工资的。

（2）不提供劳动安全卫生条件的。

（3）随意延长劳动时间的。

（4）侵犯女职工和未成年工特殊权益的。

（5）其他严重侵犯职工劳动权益的。

◆ 如何申请法律援助？

根据《法律援助条例》的规定，公民因请求支付劳动报酬和工伤赔偿的，在经济困难没有委托代理人的情况下，可以向法律援助机构申请法律援助，由法律援助机构指派负有法律援助职责的律师予以免费代理。同时，国务院《关于解决农民工问题的若干意见》规定，对农民工请求支付劳动报酬和工伤赔偿而申请法律援助的，不再审查申请人的经济困难条件。对于经济确有困难而又达不到法律援助条件的农民工需委托律师的，律师事务所适当减少或者免收律师服务费。

◆ 可以委托律师代理参加劳动争议仲裁或者诉讼活动吗?

可以。《民事诉讼法》和《企业劳动争议处理条例》均规定，当事人可以委托 1 ~ 2 名律师或者其他人员代理参加劳动争议案的仲裁或者诉讼活动。农民工委托律师或者他人代理参加劳动争议案的仲裁或者诉讼活动，必须向劳动争议仲裁委员会或者人民法院提交有委托人签名或者盖章的授权委托书，授权委托书应当明确委托事项和权限。

◆ 发生劳动争议后应该到哪里找律师?

应该到律师事务所找律师。在中国，律师服务机构称为律师事务所，它是中国律师向社会提供法律服务的机构。

◆ 聘请律师的手续是什么?

农民工决定聘请律师时，应填写如下文件：

（1）授权委托书。该委托书是证明农民工委托律师作为委托代理人，代理农民工去完成一定民事活动的书面凭证。

（2）代理合同。该合同明确地详列了农民工和其委托的代理律师之间的权利和义务。

（3）风险告知书。该告知书向农民工告知诉讼过程中可能出现的潜在风险。

当填写完上述文件并按规定交纳了费用后，农民工就聘请了一名律师。

◆ 常见的诉讼风险有哪些?

（1）轻视开庭程序导致的败诉。

（2）轻视举证程序导致的败诉。

（3）诉讼请求不当导致的败诉和权利丧失。

（4）债务人履行能力导致的债权人利益得不到实质保护。

（5）证据（包括鉴定结论）情况发生变化导致的败诉。

（6）举证责任分配情况导致的败诉。

◆ 一场官司最多经过几级法院的审理便告终结？

我国法律规定二审终审制。所谓二审终审制，就是无论什么官司，最多经过两级人民法院的审理便告终结，官司不能再继续打下去。需要注意的是，一场官司最多经过两级法院的审理便告终结，并不是说每一个官司都要经过两级法院的审理才结束。当事人对第一审法院做出的判决、裁定，在上诉期内未提出上诉，刑事案件中检察院也未提起抗诉，或者双方当事人在法院调解下达成协议，就不会再发生第二审的问题。

◆ 哪些情况可以向劳动保障监察机构投诉？

根据《劳动法》、《劳动保障监察条例》等规定，任何组织或者个人对违反劳动保障法律、法规或者规章的行为，有权向劳动保障行政部门举报。

劳动者认为用人单位侵犯其劳动保障合法权益的，有权向劳动保障行政部门投诉。可以投诉的事项包括：①用人单位违反录用和招聘职工规定的。如招用童工、收取风险抵押金、扣押身份证件等；②用人单位违反有关劳动合同规定的。如拒不签订劳动合同、违法解除劳动合同、解除劳动合同后不按国家规定支付经济补偿金、国有企业终止劳动合同后不按规定支付生活补助费等；③用人单位违反女职工和未成年工特殊劳动保护规定的。如安排女职工和未成年工从事国家规定的禁忌劳动、未对未成年工进行健康检查等；④用人单位违反工作时间和休息、休假规定的。如超时加班加点、强迫加班加点、不依法安排劳动者休假等；⑤用人单位违反工资支付规定的。如克扣或无故拖欠工资、拒不支付加班加点工资、拒不遵守最低工资保障制度规定等；⑥用人单位制定的劳动规章制度违反法律法规规定的。如用人单位规章制度规定农民工不参加工伤保险，工伤责任由农民工自负等；⑦用人单位违反社会保险规定的。如不依法为农民工参加社会保险和缴纳社会保险费，不依法支付工伤保险待遇等；⑧未经工商部门登记的非法用工主体违反劳动保障法律法规，侵害农民工合法权益的；⑨职业中介机构违反职业中介有关规定的。如提供虚假信息、违法乱收费等；⑩从事劳动能力鉴定的组织或者个人违反劳动能力鉴定规定的。如提供虚假鉴定意见、提供虚假诊断证明、收受当事人财物。此外，还包括劳动者认为用人单位等侵犯其其他劳动保障合法权益的情形。

劳动者对因同一事由引起的集体投诉，投诉人可推荐代表投诉。投诉应当由投诉人向劳动保障行政部门递交投诉文书。书写投诉文书确有困难的，可以口头投诉，由劳动保障监察机构进行笔录，并由投诉人签字。投诉文书应当载明下列事项：①投诉人的姓名、性别、年龄、职业、工作单位、住所和联系方式，被投诉用人单位的名称、住所、法定代表人或者主要负责人的姓名、职务；②劳动保障合法权益受到侵害的事实和投诉请求事项。

◆ 对哪些社会保险行政争议可以申请行政复议？

根据劳动和社会保障部《社会保险行政争议处理办法》（劳社部令第13号）第六条的规定，对下列社会保险争议，公民、法人或者其他组织可以申请行政复议：①认为社会保险经办机构未依法为其办理社会保险登记、变更或者注销手续的；②认为社会保险经办机构未按规定审核社会保险缴费基数的；③认为社会保险经办机构未按规定记录社会保险费缴费情况或者拒绝其查询缴费记录的；④认为社会保险经办机构违法收取费用或者违法要求履行义务的；⑤对社会保险经办机构核定其社会保险待遇标准有异议的；⑥认为社会保险经办机构不依法支付其社会保险待遇或者对社会保险经办机构停止其享受社会保险待遇有异议的；⑦认为社会保险经办机构未依法为其调整社会保险待遇的；⑧认为社会保险经办机构未依法为其办理社会保险关系转移或者接续手续的；⑨认为社会保险经办机构的其他具体行政行为侵犯合法权益的。属于上述第②、⑤、⑥、⑦项情形之一的，公民、法人或者其他组织可以直接向劳动保障行政部门申请行政复议，也可以先向做出该具体行政行为的社会保险经办机构申请复查，对复查决定不服，再向劳动保障行政部门申请行政复议。

◆ 对哪些具体行政行为不服的可以申请行政复议？

根据《行政复议法》、《行政诉讼法》规定，公民、法人或者其他组织认为行政部门或具有行政职能的机构做出的具体行政行为侵犯了其合法权益，可以申请行政复议或者提起行政诉讼。劳动和社会保障部《劳动和社会保障行政复议办法》第三条规定：公民、法人或者其他组织对劳动保障行政部门（包括具有行政管理职能的机构）做出的下列具体行政行为不服的，可以申请行政复议：

（1）对劳动保障和行政部门做出的警告、罚款、没收违法所得、没收非法财物、责令停产停业、吊销许可证等行政处罚决定不服的。

（2）认为符合法定条件、申请劳动保障行政部门办理许可证、资格证等行政许可手续，劳动保障行政部门拒绝办理或者在法定期限内没有依法办理的。

（3）对劳动保障行政部门做出的对许可证、资格证等变更、中止、取消的决定不服的。

（4）认为符合法定条件，申请劳动保障行政部门审批、审核、登记有关事项，劳动保障行政部门没有依法办理的。

（5）认为劳动保障行政部门侵犯合法的用人自主权、工资分配权等经营自主权的。

（6）申请劳动保障行政部门依法履行保护劳动者获取劳动报酬权、休息休假权、社会保险权等法定职责，劳动保障行政部门没有依法履行的。

（7）认为劳动保障行政部门违法收费或者违法要求履行义务的。

（8）对劳动保障行政部门认定的具体行政行为不服的。

（9）认为劳动保障行政部门做出的其他具体行政行为侵犯其合法权益的。

◆ 怎样向有关主管部门申请行政复议？

根据《行政复议法》、劳动和社会保障部《社会保险行政争议处理办法》的规定，公民、法人或者其他组织认为劳动和社会保障具体行政行为侵犯其合法权益的，可以自知道该具体行政行为之日起60日内提出行政复议申请；因自然灾害以及社会原因引起的不可抗力或者其他正当理由耽误法定申请期限的，申请期限自障碍消除之日起继续计算。社会保险经办机构做出具体行政行为，未告知申请人有权申请行政复议或者行政复议申请期限的，行政复议申请期限从申请人知道行政复议权或者行政复议申请期限之日起计算，但最长不超过2年。

申请人申请劳动和社会保障行政复议，一般应当以书面形式提出，也可以口头形式提出。口头申请的，接到申请的劳动和社会保障机关应当当场记录申请人的基本情况、请求事项、主要事实和理由、申请时间等事项，并由申请人签字或者盖章。

对县级以上劳动保障行政部门的具体行政行为不服的，可以向上一级劳动保障行政部门申请行政复议，也可以向本级人民政府申请行政复议。但是对劳动和社会保障部做出的具体行政行为不服的，应当向劳动和社会保障部申请行政复议。对依法受委托的属于事业组织的就业服务管理机构、职业技能鉴定指导机构、乡镇劳动工作机构等做出的具体行政行为不服的，可以向委托其行使行政管理职能的劳动保障行政部门的上一级劳动保障行政部门申请行政复议，也可以向该劳动保障行政部门的同级人民政府申请行政复议。委托的劳动保障行政部门是被申请人。

对劳动保障行政部门和政府其他部门组织执法检查，以共同名义做出的具体行政行为不服的，可以向其共同的上一级行政机关申请行政复议。共同做出具体行政行为的劳动保障行政部门是共同被申请人。

对社会保险经办机构做出的具体行政行为不服，可以向直接管理该社会保险经办机构的劳动保障行政部门申请行政复议。

行政复议机关应当自受理申请之日起 60 日内做出行政复议决定；情况复杂，不能在规定期限内做出行政复议决定的，经行政复议机关的负责人批准，可以适当延长，并告知申请人和被申请人；但是延长期限最多不超过 30 日。行政复议机关做出行政复议决定，应当制作行政复议决定书，并加盖印章，依法送达申请人和被申请人。

◆ 对哪些事项不能申请行政复议？

（1）劳动者与用人单位之间在执行劳动保障法律、法规、规章及其他规范性文件时发生的劳动争议。

（2）对劳动鉴定委员会做出的伤残等级鉴定结论不服的。

（3）对劳动争议仲裁委员会做出的仲裁决定或者裁决不服的。

（4）向人民法院提起行政诉讼，人民法院已经依法受理的。

（5）法律、法规规定的其他情形。

公民、法人或者其他组织认为劳动保障行政部门的具体行政行为所依据的除法律、法规、规章和国务院文件以外的其他规范性文件不合法，在对具体行政行为申请行政复议时，可以一并向劳动保障复议机关提出对该规范性文件的审查申请。

◆ 发生劳动争议后可以通过什么程序来解决？

根据《劳动法》和《中华人民共和国企业劳动争议处理条例》的规定，劳动者与用人单位发生劳动争议后，可按照以下几个程序解决：①双方自行协商解决。当事人在自愿的基础上进行协商，达成协议；②调解程序。双方不愿自行协商或达不成协议的，双方可自愿申请企业调解委员会调解，对调解达成的协议自觉履行。调解不成的可申请仲裁。当事人也可直接申请仲裁；③仲裁程序。当事人一方或双方都可以向仲裁委员会申请仲裁。仲裁庭应当先行调解，调解不成的，做出裁决。一方当事人不履行生效的仲裁调解书或裁决书的，另一方当事人可以申请人民法院强制执行。劳动仲裁程序是人民法院处理劳动争议的前置程序，也就是说，人民法院不直接受理没有经过仲裁程序的劳动争议案件；④法院审判程序。当事人对仲裁裁决不服的，可以自收到仲裁裁决书之日起 15 日内将对方当事人作为被告向人民法院提起诉讼。人民法院按照民事诉讼程序进行审理，实行两审终审制。法院审判程序是劳动争议处理的最终程序。

◆ 哪些劳动争议可以向劳动争议仲裁委员会提出仲裁申请？

根据《劳动法》、《中华人民共和国企业劳动争议处理条例》及原劳动部《关于劳动争议仲裁工作几个问题的通知》（劳部发［1995］338 号）等有关规定，劳动者与用人单位发生下列劳动争议，可以向劳动争议仲裁委员会提出仲裁申请：①因企业开除、除名、辞退职工和职工辞职、自动离职发生的争议；②因执行有关工资、保险、福利、培训、劳动保护的规定发生的争议；③因履行、解除、终止劳动合同发生的争议；④因认定无效劳动合同、特定条件下订立劳动合同发生的争议；⑤因职工流动发生的争议；⑥因用人单位裁减人员发生的争议；⑦因经济补偿和赔偿发生的争议；⑧因履行集体合同发生的争议；⑨因用人单位录用职工非法收费发生的争议；⑩法律、法规规定应当受理的其他劳动争议。

◆ 怎样向劳动争议仲裁委员会申请仲裁?

根据《劳动法》和《中华人民共和国企业劳动争议处理条例》的规定，当事人申请仲裁，首先应当在规定的时限内进行，即应当在劳动争议发生之日起 60 日内向仲裁委员会申请仲裁。第二，应当以书面形式向仲裁委员会提交申诉书，并按被诉人数提交副本。申诉书应当载明下列事项：①职工当事人的姓名、职业、住址和工作单位；企业的名称、地址和法定代表人的姓名、职务；②仲裁请求和所根据的事实和理由；③证据、证人的姓名和住址。申诉书内容不完整的，当事人可在仲裁委员会指导下进行补正，并按规定时间提交。第三，当事人申请仲裁，应当向有管辖权的仲裁委员会提出申请。

仲裁委员会应在收到仲裁申请的 60 日内做出仲裁裁决。由于案件情况复杂，在 60 日内不能结案，需要延期的，经报仲裁委员会批准，可以适当延期，但是延长的期限不得超过 30 日。

◆ 申请劳动仲裁应该具备哪些条件?

①必须是劳动争议关系的当事人，即形成劳动关系的用人单位与职工；②有明确的被申诉人和事实理由及仲裁请求；③符合《劳动法》第八十二条规定的申请仲裁时效（当事人因不可抗力或有其他正当理由超过时效的不受此限）；④属于受理申请的劳动争议仲裁机构的管辖范围。上述条件是劳动争议当事人申请仲裁时应同时具备的条件，缺一不可。当事人申请仲裁应当提出书面申请。

◆ 申请劳动仲裁应该付哪些费用?

农民工申请劳动仲裁需要缴纳一定费用，仲裁费用包括仲裁受理费和处理费两部分。仲裁受理费的标准是 3 人以下收费 20 元，4 ~ 9 人收费 30 元，10 人以上的集体劳动争议案件收费 50 元。受理费由申诉人在收到仲裁委员会的受理通知书后5日内预付。处理费尚无明确的标准，按照规定，包括差旅费、勘验费、鉴定费、证人误工误餐费、文书表册印制费等。处理费由双方当事人预付，申诉人在收到案件受理通知书后5日内预付；被诉人在收到申诉书副本后5日内预付。

◆ 什么情况下劳动争议可以上诉法院？

当事人对劳动仲裁不服的，自收到仲裁裁决书之日起15日内，可以向仲裁委员会所在地的同级人民法院起诉。对经过仲裁裁决，当事人向人民法院起诉的案件，符合起诉条件的，人民法院必须受理。当事人向人民法院提起劳动争议诉讼，必须符合以下条件：

（1）起诉人必须是劳动争议的直接利害关系人，即是劳动关系的当事人。

（2）该劳动争议案件已经仲裁委员会仲裁，当事人对仲裁裁决不服的。

（3）必须有明确的被告、具体的诉讼请求和事实依据。

（4）应当在法定期限内提出，即当事人对仲裁裁决不服的，应当在收到裁决书之日起15日内向人民法院提起诉讼。

（5）属于人民法院受理民事诉讼的范围和受诉人民法院管辖。

◆ 法院应该受理哪些劳动争议案件？

①劳动者与用人单位在履行劳动合同过程中发生的纠纷；②劳动者与用人单位之间没有订立书面劳动合同，但已形成劳动关系后发生的纠纷；③劳动者退休后，与尚未参加社会保险统筹的原用人单位因追索养老金、医疗费、工伤保险待遇和其他社会保险费而发生的纠纷。

◆ 在平时的工作中应保留哪些有关证据？

劳动者通过劳动保障监察、劳动争议仲裁、行政复议等法律途径维护自身合法权益，或者申请工伤认定、职业病诊断与鉴定等，都需要提供证明自己主张或案件事实的证据。如果劳动者不能提供有关证据，可能会影响自身权益的维护。因此，劳动者在平时的工作中，应该注意保留有关证据。主要包括：

（1）来源于用人单位的证据，如与用人单位签订的劳动合同或者与用人单位存在事实劳动关系的证明材料、工资单、收取押金等的收条、用人单位解除或终止劳动关系通知书、出勤记录等。

（2）来源于其他主体的证据，如职业中介机构的收费单据。

（3）来源于有关社会机构的证据，如发生工伤或职业病后的医疗诊断证明或者职业病诊断证明书、职业病诊断鉴定书、向劳动保障行政部门寄出举报材料等的邮局回执。

（4）来源于劳动保障部门的证据，如劳动保障部门告知投诉受理结果或查处结果的通知书等。

另外，《工伤保险条例》第十九条规定，职工或者其直系亲属认为是工伤，用人单位不认为是工伤的，由用人单位承担举证责任。《最高人民法院关于审理劳动争议案件适用法律若干问题的解释》（法释〔2001〕14号）第十三条规定，因用人单位做出的开除、除名、辞退、解除劳动合同、减少劳动报酬、计算劳动者工作年限等决定而发生的劳动争议，用人单位负举证责任。

◆ 维护自身权益时不能超过的法定时限有哪些？

农民工通过劳动争议仲裁、行政复议等法律途径维护自身合法权益，或者申请工伤认定、职业病诊断与鉴定等，一定要注意在法定的时限内提出申请。如果超过了法定时限，有关申请可能不会被受理，致使自身权益难以得到保护。主要的时限包括：

（1）申请劳动争议仲裁的，应当在劳动争议发生之日（即当事人知道或应当知道其权利被侵害之日）起60日内向劳动争议仲裁委员会申请仲裁。

（2）对劳动争议仲裁委员会做出的仲裁裁决不服，提起诉讼的，应当自收到仲裁裁决书之日起 15 日内，向人民法院提起诉讼。

（3）申请行政复议的，应当自知道该具体行政行为之日起 60 日内提出行政复议申请。

（4）对行政复议决定不服，提起行政诉讼的，应当自收到行政复议决定书之日起 15 日内，向人民法院提起行政诉讼。

（5）直接向人民法院提起行政诉讼的，应当在知道做出具体行政行为之日起 3 个月内提出，法律另有规定的除外。因不可抗力或者其他特殊情况耽误法定期限的，在障碍消除后的 10 日内，可以申请延长期限，由人民法院决定。

（6）申请工伤认定的，所在单位应当自事故伤害发生之日或者被诊断、鉴定为职业病之日起 30 日内，向统筹地区劳动保障行政部门提出工伤认定申请。遇有特殊情况，经报劳动保障行政部门同意，申请时限可以适当延长。用人单位未按前款规定提出工伤认定申请的，工伤职工或者其直系亲属、工会组织在事故伤害发生之日或者被诊断、鉴定为职业病之日起 1 年内，可以直接向用人单位所在地统筹地区劳动保障行政部门提出工伤认定申请。

七、社会保险

◆ 什么是社会保险？

社会保险是国家通过立法的形式，由社会集中建立基金，使劳动者在年老、患病、工伤、失业、生育等情况下能够获得国家和社会补偿与帮助的一种社会保障制度，主要包括五大险种：养老保险、失业保险、医疗保险、工伤保险和女工生育保险。目前，国家允许和要求进城务工的农民参加以上社会保险。进城务工者的用人单位应该按规定由单位或单位和个人共同缴纳社会保险费，参加养老、医疗、失业、工伤、生育保险。进城务工的农民按规定可以享受以上社会保险待遇。

◆ 什么是基本养老保险？

基本养老保险是国家根据法律、法规的规定强制建立和实施的一种社会保险制度。在这一制度下，用人单位和劳动者必须依法缴纳养老保险费，在劳动者达到法定退休年龄后，社会保险经办机构依法向其支付养老金等待遇，从而保障基本生活。

◆ 我们农民工可以参加基本养老保险吗？

可以。按照国务院《社会保险费征缴暂行条例》等有关规定，基本养老保险覆盖范围内的用人单位的所有职工，包括农民工，都应该参加养老保险，履行缴费义务。参加养老保险的农民工，在与企业终止或解除劳动关系后，由社会保险经办机构保留其养老保险关系，保管其个人账户并计息，凡重新就业的，应接续或转移养老保险关系；也可按照省级政府的规定，根据农民合同制职工本人申请，将其个人账户个人缴费部分一次性支付给本人，同时终止养老保险关系，凡重新就业的，应重新参加养老保险。农民工在男年满 60 周岁、女年满 55 周岁时，累计缴费年限满 15 年以上的，可按规定领取基本养老金；累计缴费年限不满 15 年的，其个人账户全部储存额一次性支付给本人。

◆ 怎样参加养老保险？

养老保险是国家给予因年老或其他原因而退休或离休的劳动者的生活保障。

根据国务院《关于建立统一的企业职工基本养老保险制度的决定》规定：

（1）每个企业及其职工按规定缴纳基本养老保险费，企业一般按不超过企业工资总额的 20%缴纳，职工个人按本人工资的 4%缴纳。1998 年起每两年提高 1 个百分点，最终的比例将达到占本人缴费工资的 8%。

（2）社会保险经办机构为每个职工按本人缴费工资的 11%建立基本养老保险个人账户。个人缴费部分全部计入个人账户，其余部分从企业缴费中划入。随着个人缴费比例的提高，企业划入的部分要逐步降至 3%。

按以上规定，目前企业和职工个人共同缴纳的养老保险费大概相当于职工工资的 24% ~ 28%，其中由职工个人出的仅占 4% ~ 8%。按养老保险的制度设计，养老保险交费将来要以养老金的形式返还给职工，所以职工参加养老保险是相当值得的。

在养老保险缴费的方式上，在企业的职工不用自己直接去缴费，而是由企业统一去申报、缴费。由企业分担的保险费由企业统一缴纳，职工个人出的部分，由企业从职工的工资中扣除代交。因此，进城务工者参加养老保险是很方便的，不用费很大的麻烦直接去办，企业应该按国家规定办好。务工者需要注意的，就是督促企业为自己参加养老保险，督促企业按时交费，如果企业不按规定为自己上养老保险，可以到有关部门去投诉。

◆ 怎样办理养老保险的转移手续?

《关于完善城镇职工基本养老保险政策有关问题的通知》规定，进城务工人员和其他职工一样，在不同单位就业，养老保险关系可以转移和接续，在不同时间、地点的缴费年限可以累计计算。参加养老保险的农民合同制职工，在与企业终止或解除劳动关系后，由社会保险经办机构保留其养老保险关系，保管其个人账户并计息。凡重新就业的，应接续或转移养老保险关系；也可按照省级政府的规定，根据农民合同制职工本人申请，将其个人账户个人缴费部分一次性支付给本人，同时终止养老保险关系，凡重新就业的，应重新参加养老保险。农民合同制职工在男年满 60 周岁、女年满 55 周岁时，累计缴费年限满 15 年以上的，可按规定领取基本养老金；累计缴费年限不满 15 年的，其个人账户全部储存额一次性支付给本人。

◆ 什么是职工基本医疗保险?

基本医疗保险是为补偿劳动者因疾病风险造成的经济损失而建立的一项社会保险制度。通过用人单位和个人缴费，建立医疗保险基金，参保人员患病就诊发生医疗费用后，由医疗保险经办机构给予一定的经济补偿，以避免或减轻劳动者因患病、治疗等带来的经济风险。

◆ 我们农民工可以参加基本医疗保险吗?

可以。根据国家有关规定，各地要逐步将与用人单位形成劳动关系的农民工纳入医疗保险范围。根据农民工的特点和医疗需求，合理确定缴费率和保障方式，解决他们在务工期间的大病医疗保障问题，用人单位要按规定为其缴纳医疗保险费。对在城镇从事个体经营等灵活就业的农村进城务工人员，可以按照灵活就业人员参保的有关规定参加医疗保险。据此，在已经将农民工纳入医疗保险范围的地区，农民工有权参加医疗保险，用人单位和农民工本人应依法缴纳医疗保险费，农民工患病时，可以按照规定享受有关医疗保险待遇。

◆ 怎样参加医疗保险?

医疗保险是社会保险中的一个重要险种。国务院《关于建立城镇职工基本医疗保险制度的决定》中规定，城镇用人单位及其职工都要参加医疗保险，并按规定缴纳医疗保险费。职工参保后可以享受相应的待遇。具体到每一个城市，参加医疗保险的办法、缴费率及待遇标准各不相同。有一些地方，为进城务工人员设立了专门的医疗保险，其主要特点是费率比较低，只解决进城务工期间大病医疗保障。进城务工人员可以根据当地的具体政策规定，参加医疗保险。

根据劳动和社会保障部的有关规定，与用人单位形成劳动关系的进城务工人员参加医疗保险，首先由参保单位到当地社会保险经办机构办理社会保险和参保手续。此后，单位和个人要按当地规定按时、足额向当地社会保险经办机构缴纳医疗保险费。对在城镇从事个体经营等灵活就业的农村进城务工人员，可以按照当地灵活就业人员参保的有关规定以个人身份参保。

◆ 什么是工伤保险?

工伤保险是指劳动者因工作原因遭受意外伤害、患职业病、致残或死亡，暂时或者永久丧失劳动能力，劳动者或供养亲属从国家、社会得到法定的医疗生活保障及必要经济补偿的一种社会保险制度。

◆ 什么是工伤保险待遇？

因工作遭受事故伤害或者患职业病进行治疗，享受工伤医疗待遇，包括就医、配制辅助器具，在停工留薪期内工资福利待遇不变，致残评定后享受国家规定的一切补助及伤残津贴。

◆ 我们农民工可以参加工伤保险吗？

可以。根据《工伤保险条例》的规定，工伤保险的适用范围包括中国境内各类企业、有雇工的个体工商户以及这些用人单位的全部职工或者雇工。国务院《关于解决农民工问题的若干意见》强调，所有用人单位必须及时为农民工办理参加工伤保险手续，并按时足额缴纳工伤保险费。所以，农民工有权参加工伤保险。劳动与社会保障部《关于农民工参加工伤保险有关问题的通知》（劳社部发［2004］18号）规定，用人单位注册地与生产经营地不在同一统筹地区的，原则上在注册地参加工伤保险。未在注册地参加工伤保险的，在生产经营地参加工伤保险。农民工受到事故伤害或患职业病后，在参保地进行工伤认定、劳动能力鉴定，并按参保地的规定依法享受工伤保险待遇。用人单位在注册地和生产经营地均未参加工伤保险的，农民工受到事故伤害或者患职业病后，在生产经营地进行工伤认定、劳动能力鉴定，并按生产经营地的规定依法由用人单位支付工伤保险费用。农民工参加工伤保险，本人无需缴纳工伤保险费。

根据国务院《关于解决农民工问题的若干意见》的规定，建筑施工企业在为农民工办理工伤保险的同时，还应为从事特定高风险作业的农民工办理意外伤害保险。

◆ 怎样参加工伤保险？

用人单位应依法参加工伤保险，为本单位包括农民工在内的全体职工缴纳工伤保险费。职工个人不缴费。

◆ 工伤保险费应该由谁交纳？

工伤保险费用由用人单位缴纳，劳动者个人不缴纳工伤保险费用。

◆ 我们农民工可以参加失业保险吗？

可以。根据《失业保险条例》规定，城镇企业事业单位招用的农民工应该参加失业保险，用人单位按规定为农民工缴纳社会保险费，农民工本人不缴纳失业保险费。单位招用的农民工连续工作满1年，本单位并已缴纳失业保险费，劳动合同期满未续订或者提前解除劳动合同的，由社会保险经办机构根据其工作时间长短，对其支付一次性生活补助。补助的办法和标准由省、自治区、直辖市人民政府规定。

◆ 怎样参加失业保险？

国务院颁布的《失业保险条例》中规定，城镇企业事业单位招用的农民合同制工人与本单位城镇职工一样参加失业保险。不同点在于，一是按照规定，城镇企业事业单位要按照本单位工资总额的2%缴纳失业保险费，上述单位中的城镇职工要按照本人工资的1%缴纳失业保险费，而上述单位招用的农民合同制工人本人则不需要缴纳失业保险费。二是按照规定，城镇职工失业后，对符合条件的按月发放失业保险金，考虑到农民合同制工人多属异地就业、流动性较大等实际情况，有关部门明确规定，城镇企业事业单位招用的农民合同制工人，连续工作满1年，本单位已参保缴费，劳动合同期满未续订或者提前解除劳动合同的，将根据其工作时间长短，对其支付一次性生活补助费。补助的办法和标准由各省、自治区、直辖市人民政府规定。

◆ 什么条件下可以申领失业保险金？

农民工要申领失业保险金，须符合下列条件：

（1）所在单位和本人参加了失业保险，并按规定缴费满 1 年。

（2）中断就业是本人自愿的，如本人主动辞职，不能算是失业。

（3）须办理失业登记，并有求职要求的。

◆ 我们农民工可以参加生育保险吗？

可以。目前我国的生育保险制度还没有普遍建立，各地工作进展不平衡。从各地制定的规定看，有的地区没有将农民工纳入生育保险覆盖范围，有的地区则将农民工纳入了生育保险覆盖范围。如果农民工所在地区将农民工纳入了生育保险覆盖范围，农民工所在单位应按规定为农民工参加生育保险并缴纳生育保险费，符合规定条件生育的农民工依法享受生育保险待遇。

◆ 怎样参加生育保险？

根据目前有关法律、法规，城镇用人单位的职工在生育期间，应当享受规定的产假、生育津贴及相应的生育医疗服务等待遇。生育保险是城镇企业范围实行的一项社会保险制度。生育保险政策规定，城镇企业必须按其工资总额的一定比例为职工缴纳生育保险费，职工个人不缴费。参加生育保险的城镇职工可以依法享受生育津贴及生育医疗服务等待遇。未参加生育保险的城镇用人单位的职工，其生育期间应享受的待遇由用人单位负责。

◆ 非全日制劳动者可以参加基本养老保险吗？

可以。从事非全日制劳动的劳动者可以参照个体工商户的参保办法参加养老保险。对于已经参加过基本养老保险和建立个人账户的人员，前后缴费年限可以合并，跨统筹地区转移的，应当办理基本养老保险关系和个人账户的转移、接续手续。符合退休条件的劳动者，应当按国家规定计发基本养老金。

◆ 非全日制劳动者可以参加基本医疗保险吗？

可以。从事非全日制劳动的劳动者可以以个人身份参加基本医疗保险，根据待遇水平和缴费水平相挂钩的原则，享受相应的基本医疗保险待遇。参加基本医疗保险的具体办法由各地劳动和社会保障部门具体制定。

◆ 非全日制劳动者可以享受工伤保险待遇吗？

可以。从事非全日制劳动的劳动者发生工伤，依法享受工伤保险待遇。用工单位应当按照国家有关规定为其订立劳动关系的非全日制劳动者缴纳工伤保险费。非全日制劳动者被鉴定为伤残五级至十级的，经劳动者和用工单位双方协商同意，可以一次性结算伤残待遇和有关费用。

◆ 哪些企业应该办理职工基本养老保险？

基本养老保险是国家根据法律、法规的规定强制建立和实施的一种社会保险制度。在这一制度下，用人单位和劳动者必须依法缴纳养老保险费，在劳动者达到法定退休年龄后，社会保险经办机构依法向其支付养老金等待遇，从而保障其基本生活。

基本养老保险费的征缴范围是：国有企业、城镇集体企业、外商投资企业、城镇私营企业和其他城镇企业及其职工，实行企业化管理的事业单位及其职工。

◆ 用工单位不参加基本养老保险，我们农民工怎么办？

基本养老保险是国家根据法律、法规的规定强制建立和实施的一种社会保险制度，在这一制度下，用工单位和劳动者必须依法参加养老保险并缴纳养老保险费，基本养老保险是强制实施的，按规定应当参加基本养老保险的单位不得以任何理由拒绝参加。广大劳动者有权监督用工单位及时参加基本养老保险并按时足额缴费，如果用工单位不参加基本养老保险，劳动者可向当地劳动保障监察部门举报。

◆ 为保护非全日制劳动者的合法权益有关部门应该怎样做？

各级劳动行政保障部门应该结合本地的实际，制定相应的政策措施，在劳动关系建立、工资支付、劳动争议处理等方面为非全日制用工提供政策指导和服务。用人单位不按照要求订立劳动合同，支付的工资低于最低小时工资标准，或者拖欠克扣非全日制劳动者的工资，当地劳动行政保障部门要严肃查处，维护非全日制劳动者的正当权益。

◆ 相关部门可以为非全日制劳动者提供什么服务？

各级社会保险经办机构可以为非全日制劳动者提供便利的参保缴费服务。要开设专门窗口，及时为非全日制劳动者办理社会保险、个人账户的接续和转移手续；要及时支付各项社会保险待遇，按规定发放社会保险缴费对账单。此外，各级公共职业介绍机构应该提供档案保管、社会保险代理等服务，以方便非全日制劳动者。

八、农民工子女入学

◆ 有哪些措施保障农民工子女平等接受义务教育？

《国务院关于解决农民工问题的若干意见》规定，输入地政府要承担起农民工子女义务教育的责任，将农民工子女义务教育纳入当地教育发展规划，列入教育经费预算，以全日制公办中小学为主接受农民工子女入学，并按照实际在校人数拨付学校公用经费。城市公办学校对农民工子女接受义务教育要与当地学生在收费、管理等方面同等对待，不得违反国家规定向农民工子女加收借读费及其他任何费用。输入地政府对委托承担农民工子女义务教育的民办学校，要在办学经费、师资培训等方面给予支持和指导，提高办学质量。输出地政府要解决好农民工托留在农村子女的教育问题。

◆ 怎样做好农民工疾病预防控制和适龄儿童免疫工作？

《国务院关于解决农民工问题的若干意见》明确规定：输入地要加强农民工疾病预防控制工作，强化对农民工健康教育和聚居地的疾病监测，落实国家关于特定传染病的免费治疗政策。要把农民工子女纳入当地免疫规划，采取有效措施提高国家免疫规划疫苗的接种率。

◆ 如何多渠道解决农民工子女上学问题？

《国务院办公厅关于做好农民进城务工就业管理和服务工作的通知》规定，要保障农民工子女接受义务教育的权力。流入地政府应采取多种形式，接受农民工子女在当地的全日制公办中小学入学，在入学条件等方面和当地学生同等对待，不得违反国家规定乱收费，对家庭经济困难的学生要酌情减免费用。要加强对社会力量兴办的农民工子女简易学校的扶持，将其纳入当地教育发展规划体系，统一管理。简易学校的办学标准和审批办法可适当放宽，但应消除卫生、安全等隐患，教师要有相应的从业资格。教育部门对简易学校要在师资力量、教学等方面给予积极指导，帮助完善办学条件，逐步规范办学，不得采取简单的关停办法，造成农民工子女失学。流入地政府要专门安排一部分经费，用于农民工子女上学就业。流出地政府要配合流入地政府安置农民工子女入学，对返回原籍就学的，当地学校应当无条件接收，不得违规收费。

◆ 怎样才能把农民工子女接受义务教育工作做好？

国务院办公厅2003年9月17日转发的教育部、中央编办、公安部、发改委、财政部、劳动和社会保障部《关于进一步做好进城务工就业农民工子女义务教育工作的意见》中指出，进城务工就业农民流入地政府负责进城务工就业农民工子女接受义务教育工作，以全日制公办中小学为主。地方各级政府特别是教育行政部门和全日制公办中小学要建立完善保障进城农民工子女接受义务教育的工作制度和机制，促进进城农民工子女受教育环境得到明显改善，九年义务教育普及程度达到当地水平。

◆ 流入地政府在农民工子女接受义务教育方面应做好哪些工作？

《关于进一步做好进城务工就业农民工子女义务教育工作的意见》指

出，流入地政府要制定有关行政规章，协调有关方面，切实做好进城务工就业农民子女接受义务教育的工作。教育行政部门要将进城务工就业农民子女的义务教育工作纳入当地普及九年义务教育工作范畴和重要工作内容，指导和督促中小学认真做好接收就学和教育教学工作。公安部门要及时向教育行政部门提供进城务工就业农民适龄子女的有关情况。发展改革部门要将农民工子女义务教育纳入城市社会事业发展计划，将农民工子女就学学校建设列入城市基础设施建设规划。财政部门要安排必要的保障经费。机构编制部门要根据接收农民工子女的数量，合理核定接收学校的教职工编制。劳动保障部门要加大对《禁止使用童工规定》贯彻落实情况的监督检查力度，依法查处使用童工行为。价格主管部门要与教育行政部门等制定有关收费标准并检查学校收费情况。城市人民政府的社区派出机构负责动员、组织、督促本社区进城务工就业农民送子女接受义务教育，对未按规定送子女接受义务教育的父母或监护人进行批评教育，并责令其尽快送子女入学。

◆ 全日制公办中小学怎样做好农民工子女接受义务教育工作？

《关于进一步做好进城务工就业农民工子女义务教育工作的意见》规定，全日制公办中小学要充分挖掘潜力，尽可能多地接收进城务工就业农民子女就学。要针对这部分学生的实际情况，完善教学管理办法，做好教育教学工作。在评优奖励、入队入团、课外活动等方面，学校要做到对进城务工农民子女与城市学生一视同仁。学校要加强与农民工子女家庭的联系，及时了解学生思想、学习、生活等情况，帮助他们克服心理障碍，尽快适应新的学习环境。

◆ 农民工子女接受义务教育在费用方面有什么特殊规定？

《关于进一步做好进城务工就业农民工子女义务教育工作的意见》指

出，要建立进城务工就业农民子女义务教育的经费筹措保障机制。流入地政府财政部门要对接收农民工子女较多的学校给予补助。城市教育费附加中要安排一部分经费，用于进城农民工子女义务教育工作。积极鼓励机关团体、企事业单位和公民个人捐款、捐物，资助家庭困难的农民工子女就学。采取措施，切实减轻进城务工农民子女教育经费负担。流入地政府要制定农民工子女接受义务教育的收费标准，减免有关费用，做到收费与当地学生一视同仁。要根据学生家长打工不稳定、住所不固定的特点，制定分期收费的办法。通过设立助学金、减免费用、免费提供教科书等方式，帮助家庭经济困难的进城务工农民子女就学。对违规收费的学校，教育行政部门等要及时予以查处。

◆ 流出地政府在农民工子女接受义务教育方面应做好哪些工作?

《关于进一步做好进城务工就业农民子女义务教育工作的意见》指出，进城务工就业农民流出地政府要积极配合流入地政府做好外出务工就业农民子女义务教育工作。流出地政府要建立健全有关制度，做好各项服务工作，禁止在办理转学手续时向学生收取费用。建立并妥善管理好外出学生的学籍档案。在进城务工农民比较集中的地区，流出地政府要派出有关人员了解情况，配合流入地加强管理。外出务工就业农民子女返回原籍就学，当地教育行政部门要指导并督促学校及时办理入学等有关手续，禁止收取任何费用。

◆ 对以接收农民工子女为主的学校应怎样扶持与管理?

《关于进一步做好进城务工就业农民工子女义务教育工作的意见》指出，各地要将这类学校纳入民办教育管理范畴，尽快制定审批办法和设置标准，设立条件可酌情放宽，但师资、安全、卫生等方面的要求不得降低。要对这类学校进行清理登记，符合标准的要及时予以审批；达不到标准和要求的要限期整改，到期仍达不到标准和要求的要予以取消，并妥善安排好在校学生的就学。要加强对这类学校的督导工作，规范其办学行为，促进其办学水平和教育质量的提高。地方各级政府特别是教育行政部门要对这类学校给予关心和帮助，在办学场地、办学经费、师资培训、教育教学等方面予以支持和指导。对办学成绩显著的要予以表彰。

怎样保障农民工子女享受义务教育的权利?

财政部、劳动和社会保障部、公安部、教育部、人口计生委2003年12月25日联合下发的《关于农民工管理等有关经费纳入财政预算支出范围有关问题的通知》规定，各地教育行政部门要配合政府有关部门认真贯彻执行《国务院办公厅转发教育部等部门关于进一步做好进城务工就业农民子女义务教育工作意见的通知》精神，建立并完善保障进城务工农民子女义务教育的工作制度和经费筹措保障机制。教育行政部门要将农民工子女义务教育工作纳入当地普及九年义务教育工作的范畴，充分发挥全日制公办中小学的接受主渠道作用，加强对接收农民工子女义务教育为主的社会力量所办学校的扶持和管理，指导和督促中小学认真做好接收就学和教育就学工作。积极采取措施，切实减轻进城务工就业农民子女教育费用负担，做到收费与当地学生一视同仁。

九、工会组织

◆ **工会是什么样的组织？**

《工会法》规定，工会是职工自愿结合的工人阶级的群众组织。中华全国总工会及其各工会组织代表职工的利益，依法维护职工的合法权益。国家保护工会的合法权益不受侵犯。从上述规定可以看出，工会是职工群众自愿结合在一起的组织，是代表职工的利益，依法维护职工合法权益的组织。

◆ **我们农民工可以加入工会吗？**

可以。《工会法》中明确规定，在中国境内的企业、事业单位、机关中以工资收入为主要生活来源的体力劳动者和脑力劳动者，不分民族、种族、性别、职业、宗教信仰、教育程度，都有依法参加和组织工会的权力。任何组织和个人不得阻挠和限制。农民工作为企业、事业单位、机关中以工资收入为主要生活来源的体力劳动者和脑力劳动者，和城市职工一样，同样可以参加和组织工会，也享有相应的权力，任何组织和个人都不得阻挠和限制。

◆ 工会怎样履行它的职责?

维护职工合法权益是工会的基本职责。工会在维护全国人民总体利益的同时，也代表和维护职工的合法权益。工会履行职责的主要手段是：通过平等协商和集体合同制度，协调劳动关系，维护企业职工劳动权益。工会依法通过职工代表大会或其他形式，组织职工参与本单位的民主决策、民主管理和民主监督。

◆ 工会主要任务有哪些?

①工会要密切联系职工，听取和反映职工的意见和要求，关心职工的生活，帮助职工解决困难，全心全意为人民服务；②工会组织要教育职工依照宪法和法律的规定行使民主权利，发挥主人公作用，通过各种形式和途径，参与管理国家事务、社会事务、经济文化事业；协助人民政府开展工作，维护我国的社会主义国家政权；③组织动员职工参加经济建设，完成生产任务和工作任务。教育职工不断提高思想道德水平、技术素质和科学文化素质，建设有理想、有道德、有文化、有纪律的职工队伍。

◆ 建立工会组织要符合什么规定?

工会的各级组织要按照民主集中制原则建立。各级工会委员由会员大会或会员代表大会民主选举产生。企业主要负责人的近亲属不得作为本企业基层工会委员会成员的人选。各级工会委员会向同级会员大会或会员代表大会负责并报告工作，接受其监督。工会会员大会或会员代表大会有权撤换或者罢免其所选举的代表或者工会委员会组成人员。同时，上级工会组织领导下级工会。

◆ 基层工会的建立应符合什么条件?

企业、事业单位、机关有会员 25 人以上的，应当建立基层工会委员会；不足 25 人的，可以单独建立基层工会委员会，也可由两个以上单位的会员联合建立基层工会委员会，也可以选举组织员 1 人，组织会员开展活动。女职工人数较多的，可以建立工会女职工委员会，在同级工会领导下开展工作；女职工人数较少的，也可在工会委员会中设女职工委员。企业职工较多的乡镇、城市街道，可以建立基层工会的联合会。

◆ 工会被撤销后工会会员的会籍怎么办？

基层工会所在的企业终止或所在的事业单位、机关被撤销，该工会组织相应撤销，并报告上一级工会。依规定被撤销的工会，其会员的会籍可以继续保留。

◆ 什么样的基层工会可以设专职工会主席？

职工 200 人以上的企业、事业单位的工会，可以设立专职工会主席。工会专职工作人员的人数由工会与企业、事业单位协商确定。基层工会委员会每届任期 3 年或 5 年。基层工会委员会定期召开会员大会或者会员代表大会，讨论决定工会工作的重大问题。经基层工会委员会或者 1/3 以上的工会会员提议，可以临时召开会员大会或者代表大会。

◆ 工会主席、副主席的调动和罢免有什么规定？

工会主席、副主席任期未满时，不得随意调动其工作。因工作需要调动时，应当征得本级工会委员会和上一级工会的同意。罢免工会主席、副主席必须召开会员大会或会员代表大会讨论，非经会员大会全体会员或会员全体代表大会代表过半数通过，不得罢免。

◆ 基层工会专职主席、副主席的劳动合同有哪些特殊保护规定？

基层工会专职主席、副主席或委员自任职之日起，其劳动合同期自动延长，延长期限相当于其任职期间；非专职主席、副主席或委员自任职之日起，其尚未履行的劳动合同期限短于任期的，劳动合同自动延长至任期期满。但是，任职期间个人严重过失或达到法定退休年龄的，不享受这种特殊待遇。

◆ **工会在民主管理方面有哪些权利？**

企业、事业单位违反职工代表大会制度和其他民主管理制度，工会有权要求其纠正，保障职工依法行使民主管理的权力。法律、法规规定应当提交职工大会或职工代表大会审议、通过、决定的事项，企事业单位要依法办理。

◆ **工会在劳动合同和集体合同方面有哪些权利？**

工会帮助、指导职工与企业以及实行企业化管理的事业单位签订劳动合同。工会代表职工与企业以及实行企业化管理的事业单位进行平等协商，签订集体合同。集体合同草案应提交职工代表大会或全体职工讨论通过。工会签订集体合同，上级工会应当给予支持和帮助。企业违反集体合同，侵犯职工劳动权益的，工会可以依法要求企业承担责任；因履行集体合同发生争议，经协商解决不成的，工会可以向劳动争议仲裁机构提请仲裁，仲裁机构不予受理或对仲裁裁决不服的，可以向人民法院提起诉讼。

◆ 工会在维护受处分职工问题上享有什么权利？

企业、事业单位处分职工，工会认为不适当的，有权提出意见。企业单方面解除职工劳动合同时，应当事先将理由通知工会，工会认为企业违反法律、法规和有关合同，要求重新研究处理时，企业应当研究工会的意见，并将处理结果书面通知工会。职工认为企业侵犯其劳动权益而申请劳动争议仲裁或者向人民法院提起诉讼的，工会应给予支持和帮助。

◆ 工会怎样维护职工的劳动安全卫生权利？

工会依照国家规定对新建、扩建企业和技术改造工程中的劳动条件和安全卫生设施与主体工程同时设计、同时施工、同时投产使用进行监督。对工会提出的意见，企业或主管部门应当认真处理，并将处理结果书面通知工会。工会发现企业违章指挥、强令工人冒险作业，或生产过程中发现明显重大事故隐患和职业危害，有权提出解决建议，企业应当及时研究答复；发现危及职工生命安全的情况时，工会有权向企业建议组织职工撤离危险现场，企业必须及时做出处理决定。

◆ 工会应当怎样行使调查权力？

工会有权对企业、事业单位侵犯职工合法权益的问题进行调查，有关单位应当予以协助。职工因公伤亡事故和其他严重危害职工健康问题的调查处理，必须有工会参加。工会应当向有关部门提出处理意见，并有权要求追究直接负责的主管人员和有关责任人员的责任。有关部门对工会提出的意见，应当及时研究，予以答复。

◆ 工会在停工、怠工事件发生时应该怎样处理？

企业、事业单位发生停工、怠工事件，工会应当代表职工同企业、事业单位或有关方面协商，反映职工的意见和要求并提出解决意见。对职工的合理要求，企业、事业单位应当予以解决。工会协助企业、事业单位做好工作，尽快恢复生产、工作秩序。

◆ 工会应当怎样参加劳动争议处理？

工会有权参加企业的劳动争议调解工作，地方劳动争议仲裁组织应当有同级工会代表参加，县级以上各级总工会可以为所属工会和职工提供法律服务。

◆ 工会在参与立法和政策制定方面有哪些权利？

国家机关在起草或修改直接涉及职工切身利益的法律、法规时，应当听取工会意见。县级以上各级人民政府制定国民经济和社会发展计划，对涉及职工利益的重大问题，应当听取同级工会的意见。县级以上各级人民政府及其有关部门研究制定劳动就业、工资、劳动安全卫生、社会保障等涉及职工切身利益的政策、措施时，应当吸收同级工会参加研究，听取工会意见。县级以上各级人民政府可以召开会议或采取适当形式，向同级工会通报政府的重要工作部署和与工会工作有关的行政措施，研究解决工会反映的职工群众的意见和要求。各级人民政府劳动行政部门应当会同同级工会和企业方面代表，建立劳动关系三方协商机制，共同研究解决劳动关系方面的重大问题。

◆ 企事业单位的哪些会议必须有工会参加？

企事业单位研究经营管理和发展的重大问题应当听取工会的意见；召开涉及职工切身利益的会议，如讨论工资、福利、劳动安全卫生、社会保险等问题，必须有工会代表参加。企事业单位应当支持工会依法开展工作，工会应当支持企业、事业单位依法行使经营管理权。

◆ 基层工会召开会议的时间有哪些规定？

①基层工会委员会召开会议或者组织职工活动，应当在生产或工作时

间以外进行，需要占用生产或工作时间的，应当事先征得企业、事业单位的同意；②基层工会的非专职委员占用生产或工作时间参加会议或从事工会工作，每月不超过3个工作日，其工资照发，其他待遇不受影响；③企业、事业单位、机关工会委员会的专职工作人员的工资、奖励、补贴，由所在单位支付。社会保障和其他福利待遇等，享受本单位职工同等待遇。

◆ 工会的义务有哪些？

工会应当与企业、事业单位教育职工以国家主人公态度对待劳动，爱护国家和企业的财产，组织职工开展群众性的合理化建议、技术革新活动，进行业余文化技术学习和职工培训，组织职工开展文体活动。

◆ 工会的经费来源有哪些？

工会经费的来源主要有：①工会会员缴纳的会费；②建立工会组织的企业、事业单位、机关按每月全部职工工资总额的2%向工会拨缴的经费；③工会所属的企业、事业单位上缴的收入；④人民政府的补助；⑤其他收入。

前款第二项规定的企业、事业单位拨缴的经费在税前列支。工会经费主要用于为职工服务和工会活动。经费使用的具体办法由中华全国总工会制定。企业、事业单位无正当理由拖延或拒不拨缴工会经费，基层工会或上级工会可以向当地人民法院申请支付令；拒不执行支付令的，工会可以依法申请人民法院强制执行。

◆ 怎样依法保护工会的财产不受侵犯？

各级人民政府和企业、事业单位、机关应当为工会办公和开展活动，提供必要的设施和活动场所等物质条件。工会的财产、经费和国家拨给工会使用的不动产，任何组织和个人不得侵占、挪用和任意调拨。工会所属的为职工服务的企业、事业单位，其隶属关系不得随意改变。侵占工会经费的财产拒不返还的，工会可以向人民法院提起诉讼，要求返还，并赔偿损失。

◆ 阻挠职工依法参加和组织工会应承担什么法律责任?

阻挠职工依法参加和组织工会或阻挠上级工会帮助、指导职工筹建工会的，由劳动行政部门责令其改正；不改正的，由劳动行政部门提请县级以上人民政府处理；以暴力、威胁等手段阻挠造成严重后果，构成犯罪的，依法追究刑事责任。

◆ 侵犯工会工作人员依法享有的权利有什么法律责任?

对依法履行职责的工会工作人员无正当理由调动工作岗位，进行打击报复的，由劳动行政部门责令改正、恢复原工作；造成损失的，予以赔偿。对依法履行职责的工会工作人员进行侮辱、诽谤、人身伤害，构成犯罪的，依法追究刑事责任；尚未构成犯罪的，由公安机关依照治安管理处罚条例的规定处罚。

◆ 在什么情况下职工和工会工作人员有权得到赔偿?

违反《工会法》规定，有下列情形之一的，由劳动行政部门责令恢复其工作，并补发被解除劳动合同期间应得的报酬，或者责令给予本人年收入2倍的赔偿：

（1）职工因参加工会活动而被解除劳动合同的。

（2）工会工作人员因履行规定的职责而被解除劳动合同的。